KENNTNIS UND NUTZU
INFORMATIONSFRE

Tarlumun Iorlumun
Agatha Mngukeghen Tyowuhe

KENNTNIS UND NUTZUNG DES GESETZES ÜBER DIE INFORMATIONSFREIHEIT DURCH JOURNALISTEN

IM BUNDESSTAAT BENUE (NIGERIA)

ScienciaScripts

Imprint

Any brand names and product names mentioned in this book are subject to trademark, brand or patent protection and are trademarks or registered trademarks of their respective holders. The use of brand names, product names, common names, trade names, product descriptions etc. even without a particular marking in this work is in no way to be construed to mean that such names may be regarded as unrestricted in respect of trademark and brand protection legislation and could thus be used by anyone.

Cover image: www.ingimage.com

This book is a translation from the original published under ISBN 978-620-8-01229-8.

Publisher:
Sciencia Scripts
is a trademark of
Dodo Books Indian Ocean Ltd. and OmniScriptum S.R.L publishing group

120 High Road, East Finchley, London, N2 9ED, United Kingdom
Str. Armeneasca 28/1, office 1, Chisinau MD-2012, Republic of Moldova, Europe

ISBN: 978-620-8-32559-6

ABSTRACT

Diese Studie bewertet im Großen und Ganzen das Bewusstsein von Journalisten, ihr Wissen und die Anwendung des Freedom of Information Act (FoIA) auf die journalistische Praxis im nigerianischen Bundesstaat Benue. In der Studie wurde quantitative Forschung mit Hilfe eines Umfragedesigns betrieben. Als Forschungsinstrument diente ein Fragebogen. Die Ergebnisse zeigten, dass die meisten Journalisten im Bundesstaat Benue das Informationsfreiheitsgesetz und seine Bestimmungen kennen und über seinen Wert für die journalistische Praxis gut informiert sind. Allerdings wird das Gesetz von den Journalisten bei ihrer Arbeit nur in begrenztem Umfang genutzt, und seine Auswirkungen auf die journalistische Praxis sind gering. Darüber hinaus sehen sich Journalisten bei der Anwendung des Gesetzes mit erheblichen Herausforderungen konfrontiert, darunter Einschränkungen bei der Aufdeckung von Fakten, Beschlagnahmung von Nachrichtenmaterial und Korruption sowohl bei Amtsträgern als auch bei Journalisten. In der Studie wird unter anderem empfohlen, dass die Medien mit der Justiz zusammenarbeiten sollten, um die Exekutive zu zwingen, Journalisten ungehinderten Zugang zu öffentlichen Dokumenten zu gewähren, um die Rechenschaftspflicht und eine gute Regierungsführung in Nigeria im Allgemeinen und im Bundesstaat Benue im Besonderen zu fördern. **Stichworte:** Journalisten, FoIA, Journalistische Praxis.

INHALTSVERZEICHNIS

KAPITEL 1

EINFÜHRUNG

1.1   Hintergrund der Studie

Der Journalismus ist eine soziale Institution, die Freiheit braucht, um in der Gesellschaft

effektiv zu funktionieren. Er spielt eine entscheidende Rolle für die Gesellschaft, indem er als

Wachhund dient und einen konstanten Strom von Informationen, Bildung und Sozialisierung liefert.

Laut Kur (2014) war die Praxis des Journalismus mit vielen Problemen und Herausforderungen

verbunden, vor allem während der Militärzeit, in der die Pressefreiheit in den letzten Jahrzehnten noch

keine Selbstverständlichkeit war. Die Art der Behandlung und Schikanierung von Journalisten

veranlasste mehrere zivilgesellschaftliche Organisationen und Journalisten dazu, unermüdlich für die

Verabschiedung eines Gesetzes über die Informationsfreiheit zu kämpfen. Der Zweck des Gesetzes

bestand darin, öffentliche Aufzeichnungen und Informationen für die Öffentlichkeit frei zugänglich zu

machen, öffentliche Aufzeichnungen aus Gründen des öffentlichen Interesses und der Privatsphäre zu

schützen und Beamte, die solche Informationen ohne Genehmigung weitergeben, zu verfolgen. Soeze

(2005, S. 19), zitiert in Abone und Kur (2014, S. 1), erläutert dies:

> Die Medien haben als Wächter der Gesellschaft die Aufgabe, die Öffentlichkeit zu
> informieren, aufzuklären und zu sozialisieren. Dazu gehört auch die Sensibilisierung
> der Bevölkerung für die alltäglichen Aktivitäten und Handlungen der
> Regierungsmitglieder, egal ob Militär oder Zivilisten. Darüber hinaus tragen die
> Medien auch dazu bei, dass die Regierung die Gefühle und Sehnsüchte derer kennt,
> die sie regiert. Damit die Medien diese Aufgaben jedoch effektiv und effizient erfüllen
> können, muss Pressefreiheit herrschen.

Seit dem Aufkommen des modernen Journalismus in Nigeria im Jahr 1859 hat er, wie Aliede

(2003) feststellte, um die nötige Freiheit gekämpft, die es ihm ermöglichen würde, seiner sozialen

Verantwortung gerecht zu werden. Die journalistische Aufgabe, Nachrichten zu sammeln und zu

verbreiten, war nicht einfach, vor allem wegen der eingeschränkten Freiheit, die durch den festen Griff

und die Kontrolle der Regierung über die Massenmedien verursacht wurde. So stellt Uche (1989), zitiert

in Abone und Kur (2014, S. 2), fest, dass die Beziehung zwischen den Massenmedien und der

Regierung in Nigeria ein Katz-und-Maus-Spiel ist. Der freie Fluss von Informationen wurde

unterdrückt. Journalisten hatten keinen Zugang zu wichtigen Informationen, geschweige denn zu den

3

Massen. Ezeah (2004), zitiert in Kur (2014, S. 1), enthüllte, dass Journalisten in ihrem Bemühen um eine detaillierte, sachliche und ausgewogene Berichterstattung weiterhin nach Informationen schnüffeln mussten und sich dabei einem hohen Risiko aussetzten, das dazu führte, dass sie schikaniert, inhaftiert, gefoltert und manchmal sogar getötet wurden.

Ezeah (2004, S. 18) betont, dass "viele Journalisten im Zusammenhang mit diesen Gesetzen und auch in den Händen übereifriger Regierungsbeamter und Sicherheitsbeamter unangemessene Härten erlitten. Sie wurden mit allen Arten von Entbehrungen und Plünderungen konfrontiert". So wurden beispielsweise während der Militärregierung von General Muhammadu Buhari zwei Journalisten der Zeitung *Guardian*, Tunde Thompson und Nduka Irabor, 1984 wegen eines Artikels über diplomatische Entsendungen inhaftiert, den die Regierung als beleidigend ansah und prompt die Verordnung Nr. 4 (Anklagen gegen Beamte) erließ, nach der die Journalisten vor Gericht gestellt und zu einem Jahr Gefängnis verurteilt wurden. Anim (1989) stellte fest, dass während der Militärregierung von General Ibrahim Babangida der Gründungs-Chefredakteur der Zeitschrift *Newswatch*, Dele Giwa, am 19.th Oktober 1986 durch eine Paketbombe ermordet wurde. Kurz nach der Ermordung verbot die Regierung 1987 *Newswatch* und es folgten verschiedene Verhaftungen, Einschüchterungen, Schikanen und Inhaftierungen von Journalisten, während die Verbannung von Medienhäusern zur Tagesordnung wurde.

Aus den obigen Ausführungen geht hervor, dass die Einführung des Gesetzes über die Informationsfreiheit für die nigerianische Medienpraxis ein schwerer Schlag sein würde. Das Gesetz wurde 1999 dem nigerianischen Parlament vorgelegt und nach mehrjährigen Debatten angenommen. Präsident Olusegun Obasanjo lehnte es jedoch ab, und der Gesetzentwurf wurde zur erneuten Beratung an die Legislative zurückgegeben (Akinwale 2010), zitiert in Akeem (2013, S. 2). Schließlich wurde das Gesetz über die Informationsfreiheit im Februar 2011 unterzeichnet und damit zum Gesetz über die Informationsfreiheit (Freedom of Information Law, FOIL), das am 28. Mai 2011 von Präsident Goodluck Jonathan gebilligt wurde. Mit der Einführung des FOIL in Nigeria ist das Thema Pressefreiheit nicht mehr umstritten. Vor der Verabschiedung des FOIL war die Pressefreiheit in Nigeria in mehreren Abschnitten der nigerianischen Verfassungen verankert. Aturu (2010) hat in Akeem (2013, S. 4) offengelegt, dass: Abschnitt 22 der nigerianischen Verfassung von 1999 stärkt die

Macht der Presse. Aturu (2010) zufolge reicht Abschnitt 39 der nigerianischen Verfassung von 1999 aus, damit die Presse ihre angenommenen traditionellen Funktionen der Information, Bildung und Unterhaltung der Öffentlichkeit erfüllen kann. In ähnlicher Weise schrieb die Media Right Agenda (2004:4) an einer Stelle über das FOIA-Gesetz, dass es, wenn es als Parlamentsgesetz verabschiedet wird, öffentliche Aufzeichnungen und Informationen, die sich in der Obhut einer Regierung - auf Bundes-, Landes- oder Kommunalebene - befinden, für jede Person in Nigeria zugänglich machen wird. Mit dem Informationsfreiheitsgesetz wird es möglich sein, von Gouverneuren, Ratsvorsitzenden, Ministern, dem Präsidenten oder anderen Amtsträgern Einzelheiten über alle in diesen Ämtern durchgeführten Vorgänge in Erfahrung zu bringen. Man geht davon aus, dass das Gesetz auch öffentlichen Bediensteten Schutz bietet, die eine betrügerische Handlung aufdecken und offenlegen, wodurch die Korruption unter den Inhabern öffentlicher Ämter eingedämmt wird (Abia, 2012).

Die oben genannten Stellungnahmen zeigen, wie wichtig ein angemessener Schutz der Pressefreiheit für die soziale Rechenschaftspflicht ist. Eine freie und lebendige Presse ist für die soziale Rechenschaftspflicht erforderlich, da es notwendig ist, frei und ohne Angst zu recherchieren und die angemessene Beteiligung der Bürger an der Regierung zu fördern. Das Gesetz über die Informationsfreiheit zielt ebenfalls auf die Förderung der Demokratisierung ab. Mason (2008) erwähnte, dass der freie Zugang zu Informationen demokratische Ideen bewahrt, während eine frühere Beobachtung von Millar (2003) zeigte, dass es sich um einen bedeutenden Paradigmenwechsel von Geheimhaltung und Verheimlichung zu Offenheit und Transparenz handelt. Im gleichen Sinne brachte Blanton (2002) zum Ausdruck, dass die Notwendigkeit, Offenheit als Reaktion auf endemische Korruption und Bestechung zu schaffen, oft ein grundlegender Gesichtspunkt im Gesetz über die Informationsfreiheit zu sein scheint.

Man geht davon aus, dass das Gesetz Amtsträgern, die eine betrügerische Handlung aufdecken und offenlegen, Schutz bietet und so der Korruption unter Amtsträgern entgegenwirkt. Darüber hinaus erklärte Johnson, zitiert von Ogbondah (2003:128-129), dass: "Eine Demokratie funktioniert am besten, wenn das Volk über alle Informationen verfügt, die die Sicherheit der Nation zulässt; niemand sollte in der Lage sein, einen Vorhang der Geheimhaltung um Entscheidungen zu ziehen, die ohne Schädigung des öffentlichen Interesses offengelegt werden können." Bis jetzt haben die Herausforderungen, die sich aus den pressefeindlichen Gesetzen ergeben, die die nigerianische Verfassung überschwemmen, die Beschaffung und Verbreitung von Nachrichten für Journalisten scheinbar unmöglich gemacht. Dies wurde von der Nigeria Guild of Editors (2001:96) gut erfasst, als sie feststellte, dass: "Wir sind uns der Verantwortung der Presse bewusst, aber wir können unsere Rolle nicht glaubwürdig erfüllen, wenn die Fesseln repressiver Gesetze nicht aus unseren Gesetzbüchern getilgt werden... die Verwirklichung dieses Ziels hängt von der Freiheit der Presse ab, ungehindert zu arbeiten."

In Abschnitt 2(4) des Gesetzes heißt es, dass öffentliche Einrichtungen dafür sorgen sollen, dass sie ein grundlegendes Bewusstsein schaffen, indem sie Informationen über ihre Organisationen weit verbreiten und für alle zugänglich machen, und zwar auf verschiedenen Wegen, einschließlich gedruckter, elektronischer und Online-Quellen sowie in den Büros dieser öffentlichen Einrichtungen. Bullen (2008) hat die Anerkennung der Rolle der Bibliotheken, insbesondere der öffentlichen Bibliotheken, als Gedächtnisbanken ihrer Gemeinschaft ernsthaft versäumt. Die Bereitstellung solcher Informationsquellen für öffentliche Bibliotheken in gedruckter oder elektronischer Form wäre ein gutes Zeichen für die breite Nutzung dieser Ressourcen und den Erfolg des Gesetzes, da mehr Menschen Zugang zu ihnen hätten und sich besser mit dem Gesetz vertraut machen würden. Dadurch würden Verzögerungen und Hindernisse, die bei der Beantragung von Informationen bei den öffentlichen Einrichtungen auftreten können, beseitigt.

Berichte über Fälle, in denen das Gesetz getestet wurde, stammen hauptsächlich von Organisationen der Zivilgesellschaft. Einige zivilgesellschaftliche Organisationen wie die National Human Rights Commission (NHRC), das Legal Defense and Assistance Project (LEDAP), die Progressive Shareholders Association (PSA), das Socio-Economic Rights and Accountability Project (SERAP), das Civil Society Network Against Corruption (CSNAC), die Media Rights Agenda (MRA), das Socio-Economic Rights and Accountability Project (SERAP), das Citizen Assistance Centre, Right to Know (R2K) und andere haben das FoIA-Gesetz genutzt, um Informationen, Rechenschaftspflicht und gute Regierungsführung in Nigeria zu fordern. Die meisten dieser Anträge enden jedoch in Gerichtsverfahren (Right to Know [R2K] Nigeria, 2012).

Leider kann der Journalist, der Wachhund der Regierenden und der Geführten, diese unantastbare Funktion nicht erfolgreich ausüben, wenn er nicht über die nötige Freiheit verfügt,

6

Informationen zu suchen, zu sammeln und zu verbreiten. In Anlehnung an den funktionalen Aspekt des Gesetzes über die Informationsfreiheit stellt Yalaju (2001:205) fest, dass: "Das Recht auf Zugang zu Informationen zielt darauf ab, die Medien zu stärken, indem es insbesondere die Meinungs- und Pressefreiheit sichert und schützt".

Aus den oben genannten Gründen zielt der verabschiedete FoIA darauf ab, Journalisten mehr Informationen zur Verfügung zu stellen, so wie dies auch für alle anderen Personen gilt, die Informationen anfordern können. Es wird auch erwartet, dass Journalisten mit dem Gesetz Zugang zu genaueren Informationen haben werden, was die Qualität der journalistischen Praxis verbessern würde. Die Tatsache, dass das nigerianische Gesetz über die Informationsfreiheit vor dem Hintergrund der internationalen Bestätigung des Rechts der Bürger auf Zugang zu Informationen, die sich im Besitz öffentlicher Einrichtungen befinden, als grundlegendes Menschenrecht vorgeschlagen wurde, ist kein Gewinn. Es ist daher aufschlussreich festzustellen, dass das FoIA eines der Kriterien für die Beurteilung eines wirklich demokratischen Staates ist (Abia, 2012). Es versteht sich von selbst, dass die Demokratie am besten ist, wenn das Volk über alle Informationen verfügt, die die Verfassung des Landes zulässt. Die Frage ist nun, ob die Journalisten die Bestimmungen des Gesetzes mit ihren Stärken und Schwächen kennen. Sind die Journalisten optimistisch oder pessimistisch, dass das Gesetz die journalistische Praxis erleichtern wird? Diese Fragen bilden die Probleme, die in dieser Studie untersucht werden.

1.2Beschreibung   des Problems

Das FOIA in Nigeria wurde von vielen Befürwortern des Gesetzes als ein Schritt in die richtige Richtung   begrüßt.   Medienschaffende   glauben,   dass   die   Informationsfreiheit   als Kommunikationsphänomen eine wesentliche Rolle dabei spielen wird, Nigeria auf den richtigen Weg der Entwicklung zu bringen. Sie wird auch die Beteiligung der Bevölkerung an den Programmen und der Politik der Regierung erhöhen und zur Stärkung der Rechenschaftspflicht und der guten Regierungsführung beitragen. Die Frage ist nun, inwieweit die Hauptakteure des FoIA, nämlich die Journalisten, darauf vorbereitet sind, die Bestimmungen des Gesetzes im Sinne einer effektiven journalistischen Praxis zu nutzen. Das FoIA verspricht zwar viel, aber seine Durchführbarkeit in einem Land wie Nigeria, in dem es eine Vorliebe für die Verletzung von Gesetzen mit Unreinheit gibt, neigt

7

dazu, sein Potenzial in Richtung einer effektiven journalistischen Praxis zu untergraben. Daher hängt die Maximierung des Potenzials des FoIA in Nigeria davon ab, wie gut die Journalisten mit seinen Bestimmungen vertraut sind. Malayo (2012) argumentiert, dass nicht viele Journalisten die Bestimmungen des FoIA vollständig kennen und dadurch ihren Druck auf Informationen, die sich in der Obhut der Regierung oder anderer öffentlicher Institutionen befinden, einschränken. In dieser Studie soll daher untersucht werden, ob Journalisten das FoIA kennen und ob sie es für ihre journalistische Arbeit im Bundesstaat Benue nutzen.

1.3 Zielsetzung der Studie

Das allgemeine Ziel dieser Studie ist es, das Bewusstsein, das Wissen und die Anwendung des Informationsfreiheitsgesetzes auf die journalistische Praxis im nigerianischen Bundesstaat Benue zu bewerten. Zu den spezifischen Zielen gehören jedoch auch:

i. Ermittlung des Bewusstseins der Journalisten für das Informationsfreiheitsgesetz in der journalistischen Praxis im Bundesstaat Benue.

ii. Herauszufinden, inwieweit Journalisten das Informationsfreiheitsgesetz in der journalistischen Praxis im Bundesstaat Benue kennen.

iii. Ermittlung der Art der Nutzung des Gesetzes über die Informationsfreiheit durch Journalisten im Bundesstaat Benue.

iv. Ermittlung der wichtigsten Probleme und Herausforderungen, die Journalisten im Bundesstaat Benue daran hindern, das Gesetz über die Informationsfreiheit zu nutzen.

1.4 Forschungsfragen

Die folgenden Forschungsfragen wurden als Leitfaden für diese Studie entwickelt: Sie beinhalten:

i. Inwieweit sind die Journalisten im Bundesstaat Benue für das Gesetz über die Informationsfreiheit sensibilisiert?

ii. Wie ist der Kenntnisstand der Journalisten über das Gesetz über die Informationsfreiheit in Bezug auf die journalistische Praxis im Bundesstaat Benue?

iii. Inwieweit nutzen Journalisten im Bundesstaat Benue das Gesetz über die Informationsfreiheit?

iv. Welches sind die größten Probleme und Herausforderungen, die Journalisten daran hindern, das Gesetz über die Informationsfreiheit im Bundesstaat Benue zu nutzen?

1.5 Bedeutung der Studie

Diese Forschungsstudie ist in vielerlei Hinsicht von Bedeutung: Erstens wird sie all jenen als Referenzmaterial dienen, die Studiengänge in Massenkommunikation und Journalismus absolvieren. Sie wird als fertige Literatur und empirische Arbeit für diejenigen dienen, die sich mit ähnlichen Forschungen befassen, da die Studie ihnen ein Verständnis für die Notwendigkeit einer freien Presse im Zeitalter des Informationszeitalters vermitteln wird.

Zweitens wird die Studie denjenigen zugute kommen, die daran interessiert sind, ihre eigenen Medienorganisationen, insbesondere Zeitungen und Zeitschriften, zu gründen und zu leiten. Daher wird diese Studie sie mit den Problemen konfrontieren, die sich aus dem Betrieb und der Praxis der Informationsbeschaffung und -verbreitung durch die Kommunikationsmedien ergeben, und daher ist sie der am häufigsten belästigte Teil der Medienüberstunden in Nigeria.

Drittens wird die Studie denjenigen zugute kommen, die bereits die eine oder andere Form von Medien in Nigeria besitzen oder etabliert haben, da sie sich von dieser Studie inspirieren lassen und den Kampf für eine freie Presse verstärken werden, in der Freiheit, ausgewogene Berichterstattung, Fairness und demokratische Beteiligung gewährleistet sind. Die Ergebnisse dieser Studie werden sie ermutigen, nach professionellen und gut ausgebildeten Medienschaffenden Ausschau zu halten, die über umfangreiche Erfahrungen mit der Aufbereitung und Verbreitung von Informationen an die breite Gesellschaft verfügen.

1.6 Umfang der Studie

Das Vorhandensein des Gesetzes über die Informationsfreiheit hat den Medienschaffenden landesweit reichlich Gelegenheit gegeben, ohne Angst vor Bevorzugung genau zu berichten, wie es in den früheren Tagen der Militärdiktatur der Fall war, obwohl mehrere Herausforderungen die Perfektionierung dieses Gesetzes durch die Journalisten im Lande immer noch behindern. Ziel dieser Studie ist es jedoch, das Bewusstsein, das Wissen und die Nutzung des Gesetzes über die

Informationsfreiheit in der journalistischen Praxis im Bundesstaat Benue zu bewerten. Diese Studie ist jedoch auf die Menschen im Bundesstaat Benue beschränkt.

1.7   Operative Definition von Begriffen

Informationsfreiheit: Informationsfreiheit (Freedom of Information, FoI) bezieht sich auf das Recht der Bürger einer Gesellschaft auf Zugang zu Informationen, die sich im Besitz von staatlichen Institutionen und Beamten befinden.

Gesetz über die Informationsfreiheit: Das Informationsfreiheitsgesetz (Freedom of Information Act) ist ein Gesetz, das Journalisten und der breiten Öffentlichkeit den Zugang zu Daten oder Informationen der nationalen Regierungen ermöglicht. Sie schaffen ein gesetzliches "Recht auf Wissen", das es ermöglicht, Informationen, die sich im Besitz der Regierung befinden, kostenlos oder zu minimalen Kosten zu erhalten, abgesehen von Standardausnahmen.

Journalismus: Bezeichnet den Beruf oder die Praxis der Berichterstattung, der Aufbereitung und des Redigierens sowie der Verbreitung von Nachrichten an ein anonymes Publikum in Zeitungen und Zeitschriften unter Verwendung von fotografischen Abbildungen.

Pressefreiheit: Dies beinhaltet das Recht der Presse, "ohne Einschüchterung, Bedrohung, Belästigung oder Erpressung zu veröffentlichen". Alabi (2003), zitiert in Ayuba, Yahaya, Bulama und Ibrahim (2011, S. 2), definiert Pressefreiheit als einen Prozess, bei dem die Presse ohne vorherige Einschränkung veröffentlichen darf. Die Presse sollte frei sein, alles zu veröffentlichen oder zu senden, was sie für die Öffentlichkeit für richtig hält, ohne dass sie belästigt wird.

Sensibilisierung: Es handelt sich um einen Prozess, bei dem eine wichtige Orientierung oder Aufklärung über die Existenz eines bestimmten Ereignisses, Produkts oder einer Dienstleistung erfolgt.

KAPITEL ZWEI

ÜBERPRÜFUNG DER EINSCHLÄGIGEN LITERATUR

2.   1 Einführung

In diesem Teil des Kapitels werden Konzepte erörtert, die im Zusammenhang mit dieser Forschungsstudie stehen. Außerdem werden in diesem Kapitel die einschlägige Literatur und empirische Studien sowie der theoretische Rahmen für ein angemessenes Verständnis dieser Arbeit erörtert.

2.2   Überprüfung von Konzepten

In diesem Abschnitt des zweiten Kapitels geht es um die Überprüfung von Konzepten, die für diese Studie von Bedeutung sind, darunter auch das Konzept des Informationsfreiheitsjournalismus.

2.2.1   Freiheit der Information

Das Gesetz über die Informationsfreiheit umfasst Gesetze, die den Zugang zu Daten im Besitz des Staates garantieren. Mit ihnen wurde ein "Recht auf Wissen" eingeführt, das es ermöglicht, Informationen, die sich im Besitz der Regierung befinden, kostenlos oder zu minimalen Kosten zu erhalten, abgesehen von Standardausnahmen. Die Regierungen sind in der Regel auch verpflichtet, Informationen zu veröffentlichen und die Offenheit zu fördern. In vielen Ländern gibt es verfassungsrechtliche Garantien für das Recht auf Zugang zu Informationen, die jedoch in der Regel nicht genutzt werden, wenn es keine spezifischen unterstützenden Rechtsvorschriften gibt. Ein Grundprinzip der meisten Rechtsvorschriften über die Informationsfreiheit ist, dass die Beweislast bei der Stelle liegt, die um Informationen ersucht wird.

Die Suche nach einem Gesetz zur Informationsfreiheit in Nigeria geht auf das Jahr 1993 während des Regimes von General Sani Abacha zurück, das für ein hohes Maß an Unterdrückung von Presse und Journalisten bekannt war. Ogbuokiri (2011), zitiert in Abone und Kur (2014, S. 5), stellt fest, dass es die Media Rights Agenda (MRA), die Civil Liberties Organization (CLO) und die Nigerian Union of Journalists (NUJ) Lagos State Chapter waren, die die Idee eines Informationsfreiheitsgesetzes einbrachten, indem sie ein Manuskript des Freedom of Information Bill (FIB) verfassten. Ziel des Manuskripts war es, Leitprinzipien für das Recht auf Zugang zu Dokumenten und Informationen, die sich im Besitz der Regierung oder ihrer Beamten befinden, zu entwickeln, um die Meinungsfreiheit zu

11

gewährleisten. Das ursprüngliche Manuskript der FIB durchlief mehrere Überprüfungen. Als sich 1999

die Gelegenheit zu einer demokratischen Regierungsführung bot, wurde der Gesetzentwurf am 9.

Dezember 1999 zum ersten Mal der Nationalversammlung vorgelegt und 2004 vom

Repräsentantenhaus und 2006 vom Senat verabschiedet.

Präsident Olusegun Obasanjo konnte das Gesetz jedoch nicht unterzeichnen, bevor er 2007

aus dem Amt schied. Der Gesetzentwurf wurde 2008 erneut in der Nationalversammlung eingebracht.

Laut Ndiribe (2011, S. 21), zitiert in Abone und Kur (2014, S. 1), "hatte die Freedom of Information

Coalition (FOIC) eine Sensibilisierungskampagne in der Öffentlichkeit gestartet, die zu einer der

größten Debatten führte, an der Nigerianer je beteiligt waren. Diese Sensibilisierung hat sich

weitgehend ausgezahlt und die öffentliche Meinung zu Gunsten des Gesetzes, das als *Mediengesetz*

bezeichnet wurde, beeinflusst. Dies geschah nicht ohne Feindseligkeit gegenüber dem Gesetzentwurf

aus einigen Kreisen, die wohl für die Entscheidung des Repräsentantenhauses verantwortlich war, ihn

zu verwerfen und zu verhindern, dass er erneut im Plenum des Hauses vorgelegt wird. Der Senat

seinerseits verhinderte die erneute Vorlage nicht, sondern prüfte sie und verwässerte einige ihrer

wesentlichen Bestimmungen. Ndiribe (2011, S. 21) erläutert, dass der Medien- und

Informationsausschuss des Senats in Abschnitt 2 seiner eigenen Fassung empfohlen hatte, dass:

> Jeder nigerianische Bürger hat ein einklagbares Recht auf Information und erhält auf
> Antrag Zugang zu allen Informationen oder Aufzeichnungen, die sich in der
> Verfügungsgewalt einer Regierung, einer öffentlichen Einrichtung oder eines
> Privatunternehmens befinden, das öffentliche Aufgaben wahrnimmt, vorausgesetzt, dass
> die Offenlegung solcher Informationen oder die Freigabe solcher Aufzeichnungen die
> nationale Sicherheit nicht gefährdet und dass der Antragsteller die Notwendigkeit der
> Offenlegung solcher Informationen vor einem obersten Landes- oder Bundesgericht
> nachgewiesen hat.

Das Informationsfreiheitsgesetz legt klar fest, wie Informationsaufzeichnungen erlangt werden

können, wie z. B. das Recht auf Zugang zu Aufzeichnungen, der Antrag auf Zugang zu Aufzeichnungen

aufgrund der Verweigerung der Offenlegung von Aufzeichnungen durch den Regierungschef

gegenüber öffentlichen Einrichtungen. Das Gesetz legt außerdem fest, wie man Zugang zu Unterlagen

durch ein Gericht erhält, welche Materialien ausgenommen sind und welche Dokumente unter die

Sicherheitseinstufung fallen (Ayuba, Yahaya, Bulama und Ibrahim (2011, S. 2). Das moderne Konzept

der Informationsfreiheit (Freedom of Information, FOI) geht auf die Allgemeine Erklärung der

Menschenrechte der Vereinten Nationen (United Nations Universal Declaration of Human Right, UNDHR) zurück, die in Artikel 19 der Erklärung von 1948 verankert ist:

> Jeder Mensch hat das Recht auf Meinungsfreiheit und freie Meinungsäußerung; dieses Recht schließt die Freiheit ein, Meinungen ungehindert zu vertreten und Informationen und Ideen über alle Medien und ohne Rücksicht auf Grenzen zu suchen, zu empfangen und zu verbreiten.

Das FOI-Gesetz ist seither zu einem Fachbegriff geworden, der eine bestimmte Klasse von Rechtsvorschriften beschreibt, die das Recht der Bürger auf Zugang zu bestimmten Arten von Dokumenten definieren und unterstützen (Schenkelaars und Ahmad, 2004). Schenkelaars und Ahmad führen weiter aus, dass "der Zugang zu Informationen eine solide Gesetzgebung, klare institutionelle Mechanismen für deren Anwendung sowie unabhängige Aufsichtsinstitutionen und die Justiz für die Durchsetzung erfordert. Er hängt auch davon ab, dass die Bürger ihr "Recht auf Wissen" kennen und verstehen und bereit und in der Lage sind, es wahrzunehmen. Arnold (2005) beschreibt das Konzept der Informationsfreiheit wie folgt:

> Eine Erweiterung der Meinungsfreiheit, eines im internationalen Recht anerkannten Grundrechts, das heute allgemeiner als Freiheit der Meinungsäußerung in jedem Medium verstanden wird, sei es mündlich, schriftlich, gedruckt, über das Internet oder durch Kunstformen. Das bedeutet, dass der Schutz des Rechts auf freie Meinungsäußerung nicht nur den Inhalt, sondern auch die Mittel der Meinungsäußerung umfasst.

Der Zugang zu Informationen, auch als Informationsfreiheit (Freedom of Information, FoI) bezeichnet, bezieht sich auf das Recht der Bürger auf Zugang zu Informationen, die sich im Besitz des Staates befinden. Es ist die Möglichkeit der Bürger eines Landes, freien Zugang zu Informationen zu haben, die durch die Gesetzgebung ermöglicht wird. In vielen Ländern ist diese Freiheit als Verfassungsrecht verankert. FoI verpflichtet die Regierung, so viel wie möglich über ihre Arbeitsweise offen zu legen. Dahinter steht das Argument, dass eine Demokratie nur dann effektiv funktionieren kann, wenn die Bürgerinnen und Bürger umfassend darüber informiert sind, wie sie funktioniert. Darch und Underwood (2010) betonen, dass das FoI-Gesetz nicht neu ist - Schweden erließ das Gesetz bereits 1766 und Finnland 1919. In den letzten Jahrzehnten hat eine Rekordzahl von Ländern auf der ganzen Welt Schritte unternommen, um das Zugangsrecht gesetzlich zu verankern. Damit schließen sie sich den Ländern an, die bereits vor einiger Zeit solche Gesetze erlassen haben, wie Schweden, die Vereinigten Staaten, Finnland, die Niederlande, Australien und Kanada. Die Verbreitung von Gesetzen, die das Recht auf Zugang zu Informationen vorsehen, spiegelt die vorherrschende Überzeugung wider, dass der Zugang zu Informationen eine wesentliche Säule in einer Strategie zur Verbesserung der Regierungsführung, zur Verringerung der Korruption, zur Stärkung der Demokratie durch mehr Beteiligung und zur Förderung der Entwicklung ist.

Traditionell wird die Informationsfreiheit als "Prüfstein aller Freiheiten" angesehen, und diese Überzeugung scheint *auf den ersten Blick* die treibende Kraft hinter der außergewöhnlichen Anerkennung zu sein, die sie erfahren hat. Auf ihrer allerersten Sitzung im Jahr 1946 verabschiedete die Generalversammlung der Vereinten Nationen die Resolution 59 (1), in der es heißt: "Die Informationsfreiheit ist ein grundlegendes Menschenrecht und der Prüfstein für alle Freiheiten, denen die Vereinten Nationen geweiht sind" (Dokument der Vereinten Nationen E/CN.4/1995/32, Absatz 35). Wie Omotayo (2015, S. 6) feststellte, entstand das Konzept von FoI aus dem Grundrecht auf Meinungsfreiheit und freie Meinungsäußerung, das in der Allgemeinen Erklärung der Menschenrechte (1948) verankert ist. Das Recht ist ein wichtiger Aspekt der universellen Garantie der Informationsfreiheit, die das Recht einschließt, Informationen zu suchen und zu erhalten sowie zu übermitteln. Das Recht wird in Artikel 19 der Allgemeinen Erklärung der Menschenrechte verkündet und in internationalen Menschenrechtsverträgen geschützt, darunter der Internationale Pakt über bürgerliche und politische Rechte (ICCPR) und die Afrikanische Charta der Menschenrechte (UDHR, 1948). Artikel 19 der Erklärung besagt Folgendes:

> Jeder Mensch hat das Recht auf Meinungsfreiheit und freie Meinungsäußerung; dieses Recht schließt die Freiheit ein, Meinungen ungehindert zu vertreten und Informationen und Ideen über alle Medien und ohne Rücksicht auf Grenzen zu suchen, zu empfangen und zu verbreiten.

FoI ist im Wesentlichen ein Menschenrecht, das durch Artikel 19 der Allgemeinen Erklärung der Menschenrechte, Artikel 19 (2) des Internationalen Pakts über bürgerliche und politische Rechte, Artikel 9 der Afrikanischen Charta der Menschenrechte und Rechte der Völker und Artikel 4 der Grundsatzerklärung zur Meinungsfreiheit in Afrika garantiert wird. In Afrika haben eine Reihe regionaler Entwicklungen und erfolgreicher Lobbykampagnen die Verabschiedung von FoI gefördert (Mendel, 2008). FoI garantiert das Recht auf ungehinderten Zugang zu öffentlichen Informationen, einschließlich der Informationen, die sich im Besitz aller Bundesbehörden und -stellen sowie privater

Einrichtungen befinden, an denen eine Bundes-, Landes- oder Kommunalregierung eine Mehrheitsbeteiligung hat, sowie privater Einrichtungen, die öffentliche Aufgaben erfüllen. FoI bedeutet, Zugang zu staatlichen Daten, Informationen, Aufzeichnungen, Akten und Dokumenten in jeder Form zu erhalten. In einigen Ländern kann es nicht nur bedeuten, dass der Zugang zu Regierungsdokumenten in jeglicher Form gewährt wird, sondern auch, dass die Sitzungen von Regierungen, ihren Beratungsgremien und Kundengruppen für die Öffentlichkeit zugänglich gemacht werden - die Dimension der "offenen Regierung". Es kann auch bedeuten, dass Einzelpersonen Zugang zu Akten haben, die Informationen über sie selbst enthalten, und dass sichergestellt wird, dass die Informationen nicht für unangemessene oder unbefugte Zwecke verwendet werden.

Zwecke.

2.2. 2Journalismus

Der Journalismus befasst sich mit dem Sammeln, Bewerten und Verbreiten von Fakten, die von aktuellem Interesse für die Öffentlichkeit sind. Im Journalismus recherchieren und schreiben Reporter Geschichten für die gedruckte und elektronische Verbreitung, oft unter Anleitung von Redakteuren oder Produzenten. Die ersten Journalisten produzierten ihre Berichte für Nachrichtenblätter, Rundschreiben, Zeitungen und Zeitschriften. Mit dem technologischen Fortschritt wurde der Journalismus auch auf andere Medien ausgedehnt, z. B. auf das Radio, Dokumentar- oder Wochenschau-Filme, das Fernsehen und das Internet. Nach Carpenter (2010) kann ein Journalist als eine Person beschrieben werden, die beabsichtigt, Informationen zu veröffentlichen, die für eine Gemeinschaft von Nutzen sind. Gladwell (2001) sagt, dass Journalismus auch als eine Person beschrieben werden kann, die "eine aktive Rolle im Prozess des Sammelns, Berichtens, Analysierens und Verbreitens von Nachrichten und Informationen spielt." In ihrem Bericht *We Media: How Audiences are Shaping the Future of News and Information (Wie das Publikum die Zukunft von Nachrichten und Informationen gestaltet)* schreiben Shayne Bowman und Chris Willis, dass "die Absicht dieser Beteiligung darin besteht, unabhängige, zuverlässige, genaue, weitreichende und relevante Informationen zu liefern, die eine Demokratie benötigt" (McCombs und Shaw 1972).

Journalismus kann auch als ein Prozess betrachtet werden, bei dem Menschen vollständig für die Sammlung von Inhalten sowie für die Konzeption, Produktion und Veröffentlichung des

Nachrichtenprodukts verantwortlich waren (Jibo und Okoosi-Simbine, 2003). Die Rollen, die bisher ausschließlich von den traditionellen Medien übernommen wurden, werden nun von Journalisten durch die virtuelle Gemeinschaft wahrgenommen. Der Journalismus umfasst alle Plattformen der sozialen Medien wie Facebook, YouTube, Twitter, MySpace und die Blogosphäre. Alle Inhalte, die auf diesen Social-Media-Plattformen generiert werden, bilden zusammen mit den Kommentaren des Publikums und den Postings auf Messageboards, Bildern und Video-Uploads das, was heute als nutzergenerierte Inhalte (User Generated Content, UGC) bezeichnet wird und eng mit dem Konzept des Bürgerjournalismus verbunden ist.

Fackson Bandas bahnbrechende Studie über "Bürgerjournalismus und Demokratie in Afrika" definiert Journalismus als "eine sich schnell entwickelnde Form des Journalismus, bei der gewöhnliche Bürger die Initiative ergreifen, um über Nachrichten zu berichten oder ihre Meinung zu Ereignissen innerhalb ihrer Gemeinschaft zu äußern" (Nathan 2010). Fackson unterscheidet zwei Arten von journalistischen Praktiken - institutionelle und nicht-institutionelle. Die nicht-institutionellen Formen stellen das Individuum in den Mittelpunkt der Praxis, die sich für Social-Networking-Plattformen eignet, auf denen Privatpersonen Inhalte erstellen und in einem Netzwerk von Freunden und online teilen. Andererseits hat der institutionelle Bürgerjournalismus eine definierte Organisationsstruktur und einige minimale Beschränkungen (Newman, 2009). Ein gutes Beispiel dafür ist die Öffnung der meisten traditionellen Medien-Websites, die es traditionellen Journalisten ermöglicht, über Kommentare und Feedback auf Bürgerjournalismus-Plattformen zu interagieren. Die BBC und der Londoner Guardian haben sich die institutionelle Form des Journalismus auf unterschiedliche Weise zu eigen gemacht, und ihre Praxis ist in den traditionellen Medien in unterschiedlichem Maße verbreitet.

Journalisten können Zufallsjournalisten, Lobbyisten und Basisjournalisten sein. Ross und Cormier (2010) gaben weitere Einblicke in diese verschiedenen Formen des Journalismus. Advocacy-Journalismus ist ihnen zufolge "ein Journalismus, der einen Standpunkt vertritt; ein Journalismus mit einer absichtlichen und transparenten Voreingenommenheit, der jedoch von einer propagandistischen Berichterstattung unterschieden werden muss", während zufällige Journalisten Menschen sind, die unerwartet inmitten eines Ereignisses erwischt werden und dann die Websites der sozialen Netzwerke nutzen, um ihr Material zu verbreiten. Was wir heute sehen, ist jedoch weitgehend eine weit verbreitete journalistische Praxis, die die Merkmale von Zufalls-, Advocacy-, Partizipations- und Basisjournalismus vereint. Olutokun (1996) stellte fest, dass es in Nigeria Websites wie Sahara Reporters gibt, die stolz auf ihre anwaltschaftliche Ausrichtung verweisen, aber auch alle anderen Elemente in sich aufnehmen. Das Gleiche gilt für die erste globale Online-Journalismus-Website in Südkorea. Es gibt also keine einheitliche Definition von Journalismus, er ist vielfältig, aber mit sehr unterschiedlichen Merkmalen. Auch wenn die Debatte über die Klassifizierung weitergeht, gibt es eine unbestreitbare zentrale Übereinstimmung: die direkte Beteiligung, die Fähigkeit, die Möglichkeit und das Recht des Einzelnen, Inhalte zu produzieren und zu verbreiten.

Die entstehende Ökologie des Journalismus ist mit der Krisenberichterstattung verbunden. Bei politischen Krisen wie in Kenia und im Iran, bei Naturkatastrophen wie dem Tsunami und dem Erdbeben in Haiti, bei Terroranschlägen wie den Anschlägen vom 11. September in Amerika und den Anschlägen in London im Juli 2005 konnten die Menschen beobachten, wie Bürgerjournalismus oder "Zufallsjournalismus", wie viele ihn nennen würden, funktioniert. Gewöhnliche Bürgerinnen und Bürger, die zur richtigen Zeit am falschen Ort waren, haben sich der Herausforderung gestellt und "Akte" des Journalismus begangen, indem sie ein neues Kommunikations-"Toolkit" einsetzten, das nach Park (1995) darin besteht, Filmaufnahmen von diesen wichtigen Entwicklungen zu machen, während sie sich entfalten, und so für mehr Tiefe, Aktualität und Ausführlichkeit zu sorgen. Diese zufälligen Handlungen haben unsere Welt der Information und des Journalismus bereichert und im gleichen Atemzug die Beziehung zwischen den traditionellen Medien und dem Publikum neu definiert. Dan Gillmor hat in Paquet (2003) diese Epoche mit den folgenden Worten beschrieben:

> Diesmal geschah etwas anderes, etwas Tiefgreifendes: Nachrichten wurden von normalen Menschen produziert, die etwas zu sagen und zu zeigen hatten, und nicht nur von den "offiziellen" Nachrichtenorganisationen, die traditionell darüber entschieden hatten, wie der erste Entwurf der Geschichte aussehen würde. Diesmal wurde der erste Entwurf der Geschichte zum Teil von den ehemaligen Zuschauern geschrieben.

Trotzdem stellt Gillmor fest, dass "das Zusammentreffen von Journalismus und Technologie erhebliche Auswirkungen auf Journalisten, Nachrichtenmacher und das Publikum hat". Vom Iran bis Nairobi, von den USA bis Kairo, von Lagos bis London, von Japan bis Nord- und Südamerika sind die

Bürger in die Lage versetzt worden, zu kommunizieren und die Nachrichtenagenda zu bestimmen. Die großen Möglichkeiten für partizipatorische und deliberative Demokratieprozesse, die diese Entwicklung mit sich bringt, haben zu einem verstärkten akademischen Interesse an der Untersuchung der Instrumente und Prozesse geführt, die diese neue Perspektive der Bürgerbeteiligung eröffnet haben.

Die frühesten bekannten journalistischen Bemühungen waren die Acta Diurna (Tagesberichte) im alten Rom. Im 1. Jahrhundert v. Chr. ordnete der Staatsmann Julius Cäsar an, dass diese handgeschriebenen Nachrichten jeden Tag auf dem Forum, einem großen öffentlichen Platz, ausgehängt werden. Die ersten verteilten Nachrichtenbulletins erschienen um 750 n. Chr. in China. Mitte des 15. Jahrhunderts wurde eine größere und schnellere Verbreitung von Nachrichten durch die Entwicklung von beweglichen Metalllettern ermöglicht, die vor allem dem deutschen Drucker Johannes Gutenberg zu verdanken waren. Zunächst bestanden die Zeitungen aus einem Blatt und behandelten oft nur ein einziges Ereignis. Nach und nach entwickelte sich ein komplexeres Produkt. Die journalistische Praxis ist heute zu einer Notwendigkeit für die Entwicklung in allen Bereichen des menschlichen Handelns geworden. Da die Massenmedien die Tagesordnung bestimmen, können sich Journalisten für soziale und politische Reformen einsetzen, um ein Massenpublikum zu erreichen. Journalisten sind nach wie vor die Wächter der Öffentlichkeit. Traditionell ist die journalistische Praxis hauptsächlich darauf ausgerichtet, die Öffentlichkeit zu informieren, zu bilden und zu unterhalten.

2.3 Übersicht über die einschlägige Literatur

Empirische Untersuchungen haben ergeben, dass in einer Reihe von Ländern der Welt der Zugang zu Informationen für die Bürger dieser Länder, insbesondere in den afrikanischen Ländern, trotz des FOI-Gesetzes in diesen Ländern erheblich eingeschränkt zu sein scheint. Die Journalisten ihrerseits scheinen zu schweigen oder vielleicht nicht genug über den Inhalt des FOI-Gesetzes und/oder seine Auswirkungen auf ihre Pflichten gegenüber der Öffentlichkeit zu wissen. Obwohl Mendel (2005) feststellt, dass "die Pressefreiheit nicht einfach als die Freiheit von Journalisten, Redakteuren oder Eigentümern betrachtet werden sollte, zu berichten und zu kommentieren, sondern vielmehr als die Verkörperung des Rechts der Öffentlichkeit, zu wissen und am freien Informationsfluss teilzuhaben", deutet diese Bemerkung auf eine noch größere Verantwortung der Journalisten hin. Wie bereits von verschiedenen Denkschulen argumentiert wurde, stellt der Zugang zu Informationen über das FoI-

Gesetz sowohl ein Recht als auch eine Verantwortung für die Journalisten dar. Es gibt den Medien ein wertvolles Instrument an die Hand, um ihrer Verantwortung gerecht zu werden, da es einen unabhängigen Zugang zu staatlichen Informationen bietet. Das FoI-Gesetz ist für Journalisten als Teil ihrer umfassenderen demokratischen und rechenschaftspflichtigen Rolle letztlich von Vorteil.

Eine Studie von Dunu und Ugbo (2014) zeigt, dass das FOI-Gesetz in den meisten afrikanischen Ländern von Journalisten nicht angemessen genutzt wurde, um das Recht der Bevölkerung auf Information zu schützen oder Eingriffe der Regierung anzufechten; es ist wichtig festzustellen, ob solche Feststellungen auch in Nigeria getroffen werden und warum. Robert Hazell, Direktor der Constitution Unit, stellt fest, dass "die Medien der Kanal sind, durch den der Großteil der Öffentlichkeit von FOI erfährt". Folglich haben die Journalisten eine ganze Reihe von Aufgaben zu erfüllen, um die Bürger zu sensibilisieren und dazu zu bewegen, sich aktiv an ihrer eigenen Regierungsführung zu beteiligen, Aktivitäten und Nicht-Aktivitäten der Regierung zu hinterfragen, Entscheidungen bei der Wahl ihrer Führer und Vertreter zu treffen, Zugang zu bestimmten Dokumenten zu verlangen usw.

Ein Wissenschaftler namens Sebina untersuchte 2005 den Zugang zu Informationen und die entsprechenden Rechtsvorschriften und stellte fest, dass die FoI-Gesetze Herausforderungen, Aussichten und Möglichkeiten für die Archivare bieten. Sebina ist der Meinung, dass die verfassungsrechtlichen Garantien für den Zugang zu Informationen nutzlos sind, wenn keine qualitativ hochwertigen Unterlagen erstellt werden, wenn der Zugang zu ihnen schwierig ist und wenn es keine Verfahren für die Entsorgung von Unterlagen gibt. In diesem Sinne haben auch einige Wissenschaftler wie Clark (1986), Guida (1989), Ossai-Ugbah (2012), Anyanwu, Akanwa und Ossai-Onah (2013) auf die Vorteile, Grenzen und Schwierigkeiten des FoI-Gesetzes hingewiesen. Sie sind der Meinung, dass die Vorteile die Kosten bei weitem überwiegen. Als größten Vorteil des FoI-Gesetzes sehen sie, dass es eine offene Verwaltung ermöglicht.

Aus einer anderen Perspektive identifizierte Ajulo (2011) das Amtsgeheimnis als eine Herausforderung für das FoI-Gesetz in Nigeria. Diese Geheimhaltung wird durch andere Rechtsvorschriften und Gesetze verstärkt, die den freien Zugang zu benötigten Informationen behindern. Coker (2011) trägt dazu bei, dass das FoI-Gesetz vor enormen Herausforderungen in Bezug auf die Entwicklung des Humankapitals steht. Odigwe (2011) untersucht das FoI-Gesetz mit seinen Auswirkungen auf die Aktenführung im öffentlichen Dienst in Nigeria und behauptet, dass das FoI-Gesetz den öffentlichen Bediensteten vor Strafverfolgung schützt, insbesondere im Hinblick auf die Weitergabe von erforderlichen Informationen an die Öffentlichkeit. Ojo (2010) untersucht das FoI-Gesetz, wie es sich auf Medienschaffende auswirkt, und hebt die größere Verantwortung hervor, die das Gesetz den Medienorganisationen auferlegt, das FoI-Gesetz zu nutzen, um an Informationen heranzukommen und diese für die allgemeine Bevölkerung zu veröffentlichen.

In einer 2004 von Patricia Lee Sykes und Susanne Piotrowski durchgeführten Studie zur Geschichte der FOIA in den USA, Australien und dem Vereinigten Königreich wird festgestellt, dass die Aneignung größerer Machtbefugnisse durch die Präsidenten und Premierminister und das Versagen der Elite, verantwortungsvoll zu handeln, die Forderung nach größerer demokratischer Rechenschaftspflicht verstärkte und somit den Ruf nach größerer Offenheit in der Regierung nährte und die Voraussetzungen für die Einführung der FOIA schuf. Die Studie zeigt, dass mit dem Wachstum des modernen Wohlfahrtsstaates immer mehr Menschen von der Regierung betroffen waren und mehr Informationen von der Regierung verlangten. Fragen zu den Rechten und Ansprüchen der Bürger lösten öffentliche Debatten aus. Ab den frühen 1960er Jahren setzten sich Protestbewegungen für mehr "Macht für das Volk" ein. Im Laufe der 1960er Jahre wurde die Bevölkerung zunehmend skeptisch gegenüber offiziellen Informationen, und in allen drei Ländern entstanden Glaubwürdigkeitslücken. Der Studie zufolge verlagerte sich durch die zunehmende Macht der Exekutive der Schwerpunkt der Lobbyisten von der Legislative auf die Exekutive, und Interessengruppen forderten mehr Informationen von der amtierenden Verwaltung und den Regierungen.

Die langen Perioden der Einparteienherrschaft, die in Australien und im Vereinigten Königreich zu beobachten sind, führten zu der Korruption, die häufig auftritt, wenn eine Partei zu lange an der Macht ist. Auch Beamte begannen, FOIAs zu unterstützen, da Whistleblower zunehmend mit der Aussicht auf Strafverfolgung konfrontiert wurden (und im Vereinigten Königreich mit der Realität). Die Studie bestätigt, dass die Bürger in allen drei Ländern durch ihre Unterstützung der FOI-Gesetzgebung gezeigt haben, dass sie es vorziehen, die demokratische Rechenschaftspflicht zu stärken, anstatt sich auf die Verantwortung der Eliten zu verlassen (Australische Norm ISO 15489, 2001).Eine

Studie zur Geschichte der Informationsfreiheitsgesetze (FOIAs) in Australien, dem Vereinigten Königreich und den Vereinigten Staaten von Amerika zeigt, dass sich zwar Bürger, Gruppen, Lobbyisten, Beamte, Wissenschaftler und andere für die Informationsfreiheit eingesetzt haben, die Massenmedien in den drei Ländern sich jedoch im Allgemeinen als zögerlich erwiesen haben, eine Reform voranzutreiben. Aus der Sicht der Staats- und Regierungschefs und der Parlamentarier scheinen die Massenmedien am meisten von dem Gesetz über die Informationsfreiheit zu profitieren; aus der Sicht der Medien in diesen Ländern bedroht eine bessere Zugänglichkeit der Regierung für die Öffentlichkeit jedoch ihren beruflichen Status und ihre exklusiven Beziehungen zu den Politikern. In der Studie wurde jedoch festgestellt, dass dies in Amerika weniger der Fall war, da der amerikanische Verband der Zeitungsredakteure FOIA befürwortete (Piotrowske/Sykes, 2004).

Nyei (2011) hat festgestellt, dass das Informationsfreiheitsgesetz von 2011 für die Verankerung von Demokratie und guter Regierungsführung in Nigeria von größter Bedeutung ist. Informationen sind für das Funktionieren einer echten Demokratie unerlässlich. Die Bürgerinnen und Bürger müssen über die Angelegenheiten der Regierung informiert werden. Der freie Austausch von Ideen und Diskursen wird als wesentlich für das Überleben einer freien Gesellschaft angesehen. Die Grundlage eines demokratischen Staates ist die Existenz einer informierten Bevölkerung, die in der Lage ist, ihre Vertreter mit Bedacht zu wählen und sie zur Rechenschaft zu ziehen. Ein Land, das Zugang zu staatlichen Informationen gewährt, verfügt über eine solidere Demokratie, da das Informationsfreiheitsgesetz die Existenz einer pluralistischen Gesellschaft fördert, in der Unterschiede in der Ideologie, im Glauben und in der Orientierung als notwendige Bestandteile der Demokratie geschätzt werden.

Das Gesetz über die Informationsfreiheit soll die Korruption eindämmen und für mehr Transparenz sorgen, da es jedem Nigerianer das Recht auf Zugang zu Informationen über die Aufgaben, Funktionen und Zuständigkeiten der öffentlichen Einrichtungen einräumt. Dadurch kann die Öffentlichkeit erfahren, was diese staatlichen Stellen tun, und die Bürger können Fragen stellen und erhalten Antworten, wenn die staatlichen Dienstleistungen nicht dem erwarteten Standard entsprechen. Das Gesetz würde auch die Öffnung der Bücher von Ministerien, Abteilungen und Agenturen ermöglichen, so dass die Bürger Zugang zu Prozessen, Verfahren und Entscheidungen im

Zusammenhang mit den Funktionen von Regierungsbeamten hätten. Dieser Akt der Transparenz würde dazu beitragen, den Umfang der von den MDAs erwarteten Leistungen zu ermitteln, damit keine unangemessenen Forderungen gestellt werden (Mensah, 2010). Das Gesetz bietet geeignete Plattformen für die Geführten und die Regierenden, um sich gegenseitig kennenzulernen, was dazu beiträgt, der aktuellen Regierung Legitimität an der Basis zu verleihen. Dies kann die Verankerung demokratischer Werte in der nächsten Generation von Führungskräften erleichtern.

2.4 Übersicht der empirischen Studien

Dieser Teil des Kapitels befasst sich mit einem Überblick über empirische Forschungsarbeiten, die für die vorliegende Studie von Bedeutung sind. Der Überblick wird im Folgenden dargestellt:

Offiong, G. M. (2013) untersuchte die "*Auswirkungen des Informationsfreiheitsgesetzes auf die journalistische Praxis: Eine Studie der journalistischen Praxis in der Gemeinde Uyo - von Januar bis Juni*". Ziel der Studie war es, (i) die Auswirkungen des Informationsfreiheitsgesetzes (Freedom of Information Act, FOI) auf die journalistische Praxis in der Gemeinde Uyo herauszufinden, (ii) das Ausmaß der Anwendung des Informationsfreiheitsgesetzes in der Gemeinde Uyo zu ermitteln und (iii) festzustellen, wie die Gemeinde Uyo das Informationsfreiheitsgesetz nutzt. Es wurde eine Umfrage durchgeführt, wobei der Fragebogen als Instrument für die Datenerhebung verwendet wurde.

Die Ergebnisse der Studie zeigen, dass das Informationsfreiheitsgesetz die verfassungsmäßige Garantie der Freiheit, Informationen und Ideen zu erhalten und weiterzugeben, gestärkt hat und auch die Professionalität und Ethik des Journalismus fördert.

Aus den Ergebnissen der Studie geht auch hervor, dass sich das Informationsfreiheitsgesetz positiv auf das Leben der arbeitenden Journalisten in der Gemeinde Uyo auswirkt und die verfassungsmäßige Garantie der Freiheit, Informationen und Ideen ungehindert zu erhalten und zu verbreiten, stärkt. Auch hier haben die Befragten bewiesen, dass das Informationsfreiheitsgesetz die Professionalität und die Ethik des Journalismus stärkt.

Es wurde festgestellt, dass das Gesetz über die Informationsfreiheit den investigativen Journalismus, die ausgewogene Berichterstattung, die Objektivität und die Überprüfung von Nachrichten (Geschichten) fördert.

In der Studie wurden die folgenden Empfehlungen ausgesprochen:

i.   Umfassende Beteiligung von Journalisten an dem neu unterzeichneten Gesetz (Gesetz über die Informationsfreiheit).

ii.   Journalisten sollten versuchen, sich von der Zensurmentalität zu lösen, um das Gesetz über die Informationsfreiheit wirksam anzuwenden.

iii.   Die Unterstützung des Informationsfreiheitsgesetzes durch die Regierung wird den Journalisten Mut machen, das Gesetz anzuwenden und das Ziel des Gesetzes zu archivieren.

In einer weiteren verwandten Studie untersuchte Malayo, A. K. (2012) "An Evaluative study of the Freedom of Information Act and Media Practice in Nigeria". Ziel der Studie war es, (i) den Bekanntheitsgrad des FOIA unter Journalisten in Nigeria zu untersuchen. (ii) zu ermitteln, inwieweit das FOIA die Medienpraxis im Hinblick auf eine faire, ausgewogene, genaue und objektive Berichterstattung unterstützen kann. (iii) die offensichtlichen Herausforderungen bei der Maximierung des FOIA in Nigeria zu ermitteln, (iv) herauszufinden, ob das FOIA den Journalisten in Nigeria wirklich einen *"ungehinderten"* Zugang zu Informationen im Besitz der Regierung garantiert und (v) herauszufinden, ob das Gesetz den Journalismus erfolgversprechender macht, insbesondere bei der Entscheidung, was berichtet werden soll und was nicht. In der Studie wurde eine Umfrage mit einem Fragebogen als Instrument zur Datenerhebung verwendet.

In der Studie wurde festgestellt, dass das Bewusstsein der Journalisten für den FOIA wächst. Dies ist nicht überraschend, da Journalisten neben anderen zivilgesellschaftlichen Organisationen an vorderster Front für die Verabschiedung des Gesetzes über die Informationsfreiheit eintraten. Dieses Bewusstsein, so wurde festgestellt, ist notwendig, um die latenten Chancen des FOIA in Nigeria zu maximieren.

Auch hier ist es eine erfreuliche Nachricht, dass das FOIA tatsächlich den Zugang zu von der Regierung zurückgehaltenen Informationen ermöglichen wird. Dies gilt vor dem Hintergrund, dass das Gesetz eine Plattform für die Beteiligung und Interaktion zwischen der Regierung und den Regierten bietet - dies sind wahre Indizien für eine echte Demokratie.

Es wurde auch deutlich, dass das FOIA eine Ära der Freiheit mit Verantwortung einläutet, in der die Journalisten die Aufgabe haben, auf eine Art und Weise zu berichten, die nur fair und sachlich ist und dennoch die nationale Entwicklung fördert.

Sie kam zu dem Schluss, dass das Informationsfreiheitsgesetz das Potenzial hat, die journalistische Praxis in Nigeria zu verbessern, die nationale Entwicklung zu fördern, die nationale Sicherheit, Transparenz und gute Regierungsführung sowie die Pressefreiheit zu gewährleisten.

In der Studie wurden folgende Empfehlungen ausgesprochen:

i. Journalisten sollten nicht nur von der Verabschiedung des FOIA wissen, sondern auch mit den einschlägigen Bestimmungen des Gesetzes vertraut sein. Nur wenn sie dies tun, können sie das Gesetz optimal nutzen.

ii. Die Durchführbarkeit des Gesetzes in Nigeria bleibt ein Problem. Ob diese Bedenken ausgeräumt werden können, hängt in hohem Maße davon ab, inwieweit die einschlägigen Bestimmungen des Gesetzes strikt eingehalten werden.

iii. Dass einige der pressefeindlichen Gesetze, die unser Gesetzbuch zieren, entweder abgeschafft oder zurückgewiesen werden sollten. Auf diese Weise kann der FOIA für die nigerianische Nation und ihre Bürger gleichermaßen von Nutzen sein.

In ähnlicher Weise führte Sambe A. S. (2012) eine Studie über "Pressefreiheit: Eine vergleichende Analyse von Nigeria und Ghana". Ziel der Studie war es, die Wahrnehmung der Pressefreiheit in Nigeria und Ghana durch die Befragten zu ermitteln, die Unterschiede in Bezug auf die Pressefreiheit in Nigeria und Ghana festzustellen und herauszufinden, ob es Unterschiede in Bezug auf die Einhaltung der Verfassungsbestimmungen in den beiden Ländern gibt.

Unter Verwendung der Erhebungsmethode mit Fragebögen und Interviews als Instrumenten stellte die Studie fest, dass signifikante Unterschiede in der Pressepraxis in Nigeria und Ghana bestehen; dass signifikante Unterschiede in den verfassungsrechtlichen Bestimmungen zwischen Nigeria und Ghana zur Pressefreiheit bestehen und dass es signifikante Unterschiede im Grad der Einhaltung der Verfassung in beiden Ländern gibt. Er stellte fest, dass die Pressefreiheit in Nigeria gering ist, während die Pressefreiheit in Ghana hoch ist, und dass es Unterschiede in den Verfassungsbestimmungen beider Länder gibt. Ihm zufolge gibt es deshalb in Nigeria keine ausreichenden verfassungsrechtlichen Garantien für die ungehinderte Arbeit von Journalisten, während die ghanaische Verfassung ausreichende Garantien enthält.

Die Studie empfiehlt daher, dass es in Nigeria eine Verfassungsänderung geben sollte, die sich speziell mit dem Schutz von Journalisten, dem Recht auf redaktionelle Unabhängigkeit und Freiheit befasst, wie es in Ghana der Fall ist. Die Verabschiedung des Gesetzes über die Informationsfreiheit wird die Arbeit von Journalisten bei der Informationsbeschaffung erheblich erleichtern, und die Regierungen von Ghana und Nigeria sollten alle anachronistischen Pressegesetze abschaffen, insbesondere das Gesetz über die Amtsverschwiegenheit und das Achieves-Gesetz, die die Ausübung des Journalismus in beiden Ländern gefährdet haben.

Die Relevanz der Studie von Sambe für diese Studie besteht darin, dass sie einen Einblick in den Grad der Pressefreiheit gibt und das Verständnis der Gesetze zur Informationsfreiheit verbessert. Es ist sehr wichtig zu beachten, dass die oben genannten Studien, deren Thema und Ergebnisse mit der vorliegenden Studie in Zusammenhang stehen, weshalb der Forscher sie für überarbeitungswürdig hält.

2.5 Theoretischer Rahmen

2.5.1 Demokratisch-partizipative Medientheorie

Diese Studie stützt sich auf die Theorie der demokratisch-partizipativen Medien. Sie wurde in den 1980er Jahren von Dennis McQuail entwickelt. Die Betonung liegt darauf, dass die vorherrschende demokratische, kommerzielle und professionelle Hegemonie im Mediensystem beseitigt werden sollte, um einen einfachen Zugang zu den Medien für potenzielle Nutzer und Verbraucher zu gewährleisten. Diese Theorie hat in den liberalen Demokratien der entwickelten Welt größere Bedeutung. Das soll jedoch nicht heißen, dass sie für einige Entwicklungsländer nicht von Bedeutung ist.

Die Entstehung dieser Theorie ist auf die Unzufriedenheit mit der libertären Medientheorie oder der freien Presse und der Theorie der sozialen Verantwortung zurückzuführen. Diese Unzufriedenheit ist darauf zurückzuführen, dass die beiden Theorien nicht den erhofften gesellschaftlichen Nutzen bringen. Die beiden Theorien haben es auch nicht geschafft, die zunehmende Kommerzialisierung und Monopolisierung der Medien in Privatbesitz aufzuhalten. Sie waren auch nicht in der Lage, die Zentralisierung und Demokratisierung der öffentlich-rechtlichen

Rundfunkanstalten zu verhindern, selbst wenn diese nach den Normen der sozialen Verantwortung gegründet worden waren.

Die Theorie besagt daher, dass den Bedürfnissen und Interessen der Empfänger in einer bestimmten demokratischen Gesellschaft größere Aufmerksamkeit geschenkt werden sollte. Sie befürwortet Pluralismus gegenüber Monopolisierung und Dezentralisierung gegenüber Zentralismus. Sie schlägt vor, dass kleine Medienunternehmen die Medienkonglomerate ersetzen oder mit ihnen koexistieren sollten. Sie schlägt außerdem eine horizontale gegenüber einer Top-Down-Kommunikation vor. Er unterstreicht sein Engagement für Feedback in der gesellschaftspolitischen Kommunikation, um einen geschlossenen Kommunikationskreislauf zu erreichen.

Die Theorie befürwortet auch die Gleichheit zwischen Sender und Empfänger oder den so genannten Assoziationsmodus im Gegensatz zum Befehlsmodus oder der Überlegenheit des Senders gegenüber dem Empfänger in einem einseitigen Kommunikationssystem. Die Theorie besagt auch, dass die Massenmedien angesichts ihrer großen gesellschaftlichen Bedeutung nicht in den Händen von Fachleuten bleiben sollten. Diese Theorie wurde als das Presseäquivalent der Basisdemokratie bezeichnet.

Der demokratische Teilnehmer ist wichtig für die Stärkung der nationalen Entwicklung. Die Relevanz dieser Theorie liegt in der allgemeinen Verlagerung der meisten Entwicklungsländer hin zu partizipativen Maßnahmen, die durch partizipative Entwicklungskommunikation erleichtert werden. Für eine wirksame Beteiligung am nationalen Entwicklungsprozess sind die Grundsätze dieser Theorie, insbesondere die Befürwortung des Eigentums an den Medien durch Gruppen, Organisationen und lokale Gemeinschaften, unerlässlich. Ojobor (2002, S. 15) stellt erklärend fest, dass "in dieser Theorie der Wunsch nach horizontaler statt vertikaler (von oben nach unten) Kommunikation besteht". Der Anstoß für die Theorie der demokratischen Teilhabe war die Reaktion auf die Kommerzialisierung und Monopolisierung privater Medien oder den Monopoljournalismus, den Zentralismus und die Bürokratisierung der öffentlichen Rundfunkanstalten (Okunna, 1999, zitiert in Ojobor, 2002, S.15).

McQuail (1987, S. 123), der von Ojobor (2002, S. 16) zitiert wird, bestätigt die obigen Aussagen und stellt fest, dass eines der Grundprinzipien der Theorie darin besteht, dass "einzelne Bürger und Minderheitengruppen das Recht auf Zugang zu den Medien (das Recht auf

Kommunikation) und das Recht haben, von den Medien entsprechend ihrer eigenen Bedarfsermittlung bedient zu werden. Die demokratisch-partizipative Medientheorie befürwortet die Liberalisierung der Medien zum Wohle der Menschen, denen sie dienen sollen. Die Theorie besagt, dass die Menschen freien Zugang zu den Kommunikationsmitteln haben sollten, um ihr Los zu verbessern. Die Theorie wendet sich in gewisser Weise vehement gegen die monopolistische und starre Struktur der traditionellen Massenmedien.

Die demokratisch-partizipative Medientheorie ist für die untersuchte Studie relevant, da sie das Recht des einzelnen Bürgers auf Zugang zu den Kommunikationsmedien verankert. Andererseits konzentriert sich diese Studie auf die Herausforderungen, die der effektiven Nutzung des Informationsfreiheitsgesetzes im Hinblick auf die überwältigende Praxis des Journalismus im Lande im Wege stehen.

2.   6Zusammenfassung

In diesem Kapitel wurden relevante Konzepte wie das Gesetz über die Informationsfreiheit und die journalistische Praxis erörtert. Dies dient dem leichteren Verständnis des Schwerpunkts dieser Studie. Das Konzept des Informationsfreiheitsgesetzes beinhaltet die Umsetzung des Rechts und des freien Zugangs zur Suche, zum Erhalt und zur Weitergabe öffentlicher Informationen durch die Öffentlichkeit. Das Konzept der journalistischen Praxis hingegen beinhaltet die Praxis der Informationsbeschaffung, -verarbeitung und -verbreitung, um die Informations- und Bildungsfunktion für das Massenpublikum zu erfüllen.

Ein weiterer Schwerpunkt dieser Studie ist die Durchsicht einschlägiger allgemeiner Literatur und empirischer Studien, die auf die Tatsache hinweisen, dass es trotz des vor vielen Jahren unterzeichneten Gesetzes über die Informationsfreiheit immer noch Praktiken gibt, die die Rechte von Journalisten im Land beeinträchtigen, indem sie sie bei der Suche nach aussagekräftigen Informationen einschränken und behindern. In diesem Kapitel wird auch die Theorie der demokratischen und partizipativen Medien   diskutiert, die den theoretischen Rahmen für diese Studie bildete.

KAPITEL DREI

FORSCHUNGSMETHODIK

3.   1Einführung

In diesem Kapitel wurden die verschiedenen Methoden und Verfahren erläutert und diskutiert, die bei der Erhebung relevanter Daten für diese Studie eingesetzt wurden. Dazu gehören das Forschungsinstrument und die Verwaltung, die Methode der Datenerhebung sowie die Methode der Datenpräsentation und -analyse. Die Forscher werden die Methode der Umfrageforschung anwenden. Die Umfragemethode hat die richtigen Eigenschaften, um eine systematische und objektive Erhebung der benötigten Daten und Statistiken zu ermöglichen. Ein Vorteil der Umfragemethode ist, dass sie den Forschern die Möglichkeit bietet, mit den Befragten zu kommunizieren. Diese Kommunikation führt zur Aufdeckung von Daten, die für eine schnelle Interpretation, Synthese und Integration der im Prozess gesammelten Datenmenge benötigt werden. Laut Okoro und Odoemelam (2014) "ist eine Umfrage eine wichtige Methode zur Sammlung von Daten, um eine Population zu beschreiben, die zu groß ist, um direkt beobachtet zu werden.

Erhebungen eignen sich für diese Studie, weil sie es den Forschern   ermöglichen, Merkmale, Meinungen oder Verhaltensweisen einer Population zu messen, indem sie eine kleine Stichprobe aus den Gruppen untersuchen und dann auf die Population, also die untersuchte Gruppe, verallgemeinern. So geeignet sie auch für diese Studie ist, das Ergebnis einer solchen proportionalen repräsentativen Größe würde für die Zwecke dieser Studie auf die gesamte Bevölkerung verallgemeinert werden.

3.   2Forschungsdesign

Das Forschungsdesign für diese Studie ist eine Umfrage mit einem Fragebogen als Instrument für die Datenerhebung. Nach Babbie (2007, S. 75) sind "Erhebungen nützliche Instrumente zur Messung von öffentlichen Meinungen, Einstellungen und Orientierungen, die in einer bestimmten Zeit in der Bevölkerung vorherrschen". Im Einklang mit dieser Argumentation wurde die Erhebungsmethode als geeignetes und angemessenes Forschungsdesign für diese Studie gewählt.

Um diesen Forschungsansatz effektiv zu nutzen, wurde der Fragebogen an 269 Befragte aus der Grundgesamtheit der Studie verteilt, die Journalisten im Bundesstaat Benue sind, die bei der Nigerian Union of Journalist registriert sind.

3.3Population der Studie

Die Grundgesamtheit dieser Studie besteht aus allen praktizierenden Journalisten im Bundesstaat Benue, die bei der Nigerian Union of Journalists registriert sind. Nach Angaben des Benue State Council of the Nigerian Union of Journalist Membership Register (2016) beläuft sich die Zahl der Journalisten im Bundesstaat auf 282. Diese Zahl umfasst laut dem NUJ-Mitgliederverzeichnis die registrierten Journalisten der verschiedenen Medienhäuser im Bundesstaat. Wie unten gezeigt wird:

Tabelle 1: Medienorganisation und Journalisten

S/N	Medienorganisation	Journalisten
1	Radio Benue	38
2	Staatliche Informationen	47
3	Die Stimme	37
4	Korrespondenten	27
5	National Advocate	10
6	Echo/Spiegel	13
7	Ikpamkor/Vorlage	10
8	Ernte FM	16
9	Gipfel der Völker	6
10	Prime News	16
11	Pavillon-Zeitung	11
12	NTA	9
13	Shy-Lo Communications LTD	5
14	Föderale Informationskapelle	6
15	Nigerianisches Orakel	12
16	Frontline Nachrichten	11
17	Das Ziel	8
	Insgesamt	**282**

Quelle: Benue State Council of the Nigerian Union of Journalist

3.   4Stichprobenumfang

Der Stichprobenumfang für diese Studie wurde in Anlehnung an den Ansatz der Zensus-Stichprobenermittlung bestimmt; da die Gesamtbevölkerung klein war, untersuchten die Forscher die gesamte Bevölkerung. Dies wird als Zensus-Stichprobenverfahren bezeichnet, da Daten über jedes Mitglied der Grundgesamtheit (282) gesammelt wurden. Daher wird die Gesamtzahl von 282 Journalisten (Befragten) als Stichprobengröße für die Studie verwendet. Bei dieser Methode wurde ein höheres Maß an Genauigkeit bei der Datenerhebung erreicht, und sie gilt auch als die effektivste Stichprobentechnik, wenn die Grundgesamtheit der Studie klein ist.

3.   5Stichprobentechniken und Verfahren

In dieser Studie wurde bei der Auswahl der Befragten für die Studie die Technik der zielgerichteten Forschung angewandt. Bei der Auswahl der Befragten aus den einzelnen Kapellen, denen der Fragebogen vorgelegt wurde, wurde die Gesamtzahl der registrierten Mitglieder in jeder Kapelle berücksichtigt. Daher ist die Auswahl in einigen Kapellen höher als in anderen. Die Forscher haben diese Technik angewandt, weil die Stichprobengröße von 282 Personen für die Untersuchung ausreichend war. Die nachstehende Tabelle zeigt die Verteilung des Fragebogens:

Tabelle 2: Verteilung des Fragebogens

S/N	Medienorganisation	Anzahl der registrierten Journalisten	Nr. des Fragebogens
1	Radio Benue	38	38
2	Staatliche Informationen	47	47
3	Die Stimme	37	37
4	Korrespondenten	27	27
5	National Advocate	10	10
6	Echo/Spiegel	13	13
7	Ikpamkor/Vorlage	10	10
8	Ernte FM	16	16
9	Gipfel der Völker	6	6
10	Prime News	16	16
11	Pavillon-Zeitung	11	11
12	NTA	9	9
13	Shy-Lo Communications LTD	5	5
14	Föderale Informationskapelle	6	6
15	Nigerianisches Orakel	12	12
16	Frontline Nachrichten	11	11
17	Das Ziel	8	8
	Insgesamt	**282**	**282**

Quelle: Feldstudie, 2018

3.   6Forschungsinstrument und Verwaltung

Das für diese Studie verwendete Forschungsinstrument war der Fragebogen. Dieses Forschungsinstrument besteht aus einer Reihe von Fragen mit Optionen und wird den Befragten ausgehändigt, damit sie auf der Grundlage ihrer Kenntnisse über das Thema Antworten geben können. In diesem Sinne wurde ein Fragebogen mit achtzehn (16) Punkten entworfen und den Befragten in der Stichprobe von Angesicht zu Angesicht ausgehändigt. Mit dieser Vorgehensweise bei der Verwaltung des Fragebogens soll sichergestellt werden, dass die Forscher alle Missverständnisse ausräumen, die bei den Befragten während der Beantwortung der Fragen im Fragebogen auftreten können, um Missverständnisse zu vermeiden.

3.7 Quelle der Datenerhebung

Zur Erhebung der Daten für die Studie wurden primäre und sekundäre Datenquellen verwendet. Bei den primären Quellen wurde den Befragten ein Fragebogen vorgelegt, mit dem Informationen zum gewählten Thema eingeholt wurden. Die Bibliotheksmaterialien bildeten das Hauptmaterial für die gesammelten sekundären Datenquellen. Dementsprechend werden Lehrbücher, Fachzeitschriften und Zeitungen zur Unterstützung der durchgeführten Umfrage verwendet.

3.8 Methode der Datenanalyse

Die Daten wurden mithilfe des Fragebogens erhoben, der den Befragten von den Forschern persönlich vorgelegt wurde. Die ausgefüllten Exemplare des Fragebogens wurden gesammelt und von den Forschern anhand von Tabellen analysiert und in einfachen Prozentsätzen ausgedrückt. Die Analyse umfasste im Wesentlichen die numerische Darstellung der gesammelten Daten zum Zweck der Beschreibung und Erklärung der Phänomene, die die Ansichten der Befragten widerspiegeln. Insgesamt erfolgte die Analyse der Daten unter Verwendung von Schlussfolgerungen und deduktiven Ansätzen.

VIERTE KAPITEL

DARSTELLUNG UND ANALYSE DER DATEN

4.1 Präsentation der Daten

Insgesamt wurden zweihundertzweiundachtzig (282) Exemplare des Fragebogens verteilt, und alle zweihundertzweiundachtzig (282) Exemplare wurden ausgewertet, aber fünf (5) Exemplare waren nicht richtig ausgefüllt und wurden für die Analyse als ungültig befunden. Dies bedeutet, dass die Studie eine Sterblichkeitsrate von 1,8 % aufwies. Angesichts der Tatsache, dass die Rücklaufquote des Fragebogens 100 % betrug, wurde die Sterblichkeitsrate jedoch als unbedeutend für das Gesamtergebnis der Studie angesehen. Daher basieren die vorgestellten und analysierten Daten auf der 98,2%igen Gültigkeit des Fragebogens. Es ist jedoch wichtig zu beachten, dass die Daten von siebzehn (17) Medienunternehmen erhoben wurden. Für eine effektive Analyse der Daten wurden diese siebzehn (17) Medienunternehmen in drei Gruppen eingeteilt: Medien im Besitz der Regierung, nationale Korrespondenten und Journalisten lokaler Medienunternehmen. Von den insgesamt 277 gültigen Exemplaren des Fragebogens für die Analyse stammten 151 von regierungseigenen Medien, 27 von nationalen Korrespondenten und 99 von lokalen Medien.

Die für die Studie gesammelten Daten werden in der Reihenfolge der Fragen im Fragebogen dargestellt und analysiert, d. h. die demografischen Daten werden vor den Antworten auf die Forschungsfragen präsentiert.

Tabelle 1: Demografische Verteilung der Befragten

Häufigkeit (%)

Demografische Daten	Staatliche Medien	Nationale Korrespondenten	Lokale Medien	Insgesamt
Geschlecht				
Männlich	87(31.4)	21(7.6)	62(22.4)	170(61.4)
Weiblich	64(23.1)	6(2.2)	37(13.3)	107(38.6)
Insgesamt	**151(54.5)**	**27(9.8)**	**99(35.7)**	**277(100)**
Bildung				
Primäre	00(00)	00(00)	00(00)	00(00)
Sekundäres	23(8.3)	00(00)	11(4.0)	34(12.3)
Tertiäres	128(46.2)	27(9.8)	88(31.8)	243(87.7)
Insgesamt	**151(54.5)**	**27(9.8)**	**99(35.7)**	**277(100)**
Alter				
18-25 Jahre	19(6.8)	00(00)	24(8.7)	43(15.5)
26-35 Jahre	66(23.8)	9(3.2)	37(13.4)	112(40.4)
36-45Jahre	43(15.5)	13(4.7)	16(5.8)	72(26.0)
46-oben	23(8.3)	5(1.8)	22(7.9)	50(18.1)
Insgesamt	**151(54.5)**	**27(9.8)**	**99(35.7)**	**277(100)**

Quellen: Feldstudie, 2018.

Die Daten in Tabelle 1 zeigen, dass von der Gesamtbevölkerung 170 (61,4 %) der Befragten männlich und 107 (38,6 %) der Befragten weiblich waren. Obwohl die meisten Befragten männlich waren, hat dies keine Auswirkungen auf das Ergebnis der Studie, da sie nicht geschlechtsspezifisch ist. Tabelle 1 enthielt auch Angaben zum Bildungsabschluss. 24 (12,3 %) der Befragten gaben einen Sekundarschulabschluss als Qualifikation an, während 243 (87,7 %) der Befragten eine Hochschulausbildung als Qualifikation angaben. Die meisten Befragten gaben eine tertiäre Ausbildung als Qualifikation an. Dies bedeutet, dass die Befragten über ein ausreichendes Bildungsniveau verfügen, um nützliche und relevante Informationen für die Studie zu liefern.

Was die Altersgruppe betrifft, so sind 43 (15,5 %) der Befragten zwischen 18 und 25 Jahren alt, 112 (64,4 %) zwischen 26 und 35 Jahren, 72 (26,0 %) zwischen 36 und 45 Jahren und 50 (18,1 %) in der Altersgruppe 46 Jahre und älter. Die meisten Befragten sind zwischen 26 und 35 Jahre alt. Diese Angaben zeigen deutlich, dass alle Altersgruppen gleichmäßig vertreten waren.

Tabelle 2: Kenntnis der Journalisten über das Informationsfreiheitsgesetz

Antwort	Häufigkeit (%)			Insgesamt
	Staatliche Medien	Nationale Korrespondenten	Lokale Medien	
Kenntnis des Gesetzes über die Informationsfreiheit				
Ja, sie sind	126(45.5)	27(9.8)	75(27.1)	228(82.3)
Nein, sie sind nicht	2(0.7)	00(00)	4(1.4)	6(2.7)
Nicht wirklich	19(6.8)	00(00)	00(00)	19(6.8)
Unentschlossen	4(1.4)	00(00)	8(2.9)	12(4.3)
Insgesamt	**151(54.5)**	**27(9.8)**	**99(35.7)**	**277(100)**
Umfang der Kenntnis der Journalisten über die Bestimmungen des Gesetzes				
Sehr großes Ausmaß	23(8.3)	7(2.5)	26(9.3)	56(20.2)
Großes Ausmaß	98(35.4)	20(7.3)	66(23.8)	184(66.4)
Durchschnittlicher Umfang	25(9.0)	00(00)	7(2.5)	32(11.6)
Geringes Ausmaß	5(1.8)	00(00)	00(00)	5(1.8)
Sehr geringes Ausmaß	00(00)	00(00)	00(00)	00(00)
Insgesamt	**151(54.5)**	**27(9.8)**	**99(35.7)**	**277(100)**
Gesetz über die Informationsfreiheit und Transparenz/Good Governance				
Ja, sie sind	134(48.4)	27(9.0)	88(31.7)	249(20.6)
Nein, sie sind nicht	00(00)	00(00)	00(00)	00(00)
Nicht wirklich	00(00)	00(00)	6(2.2)	6(2.2)
Unentschlossen	17	00(00)	5(1.8)	22(8.0)
Insgesamt	**151(54.5)**	**27(9.8)**	**99(35.7)**	**277(100)**

Quelle: Feldstudie, 2018.

Die Daten in Tabelle 2 zeigen, dass von der Gesamtbevölkerung 228 (82,3 %) Befragte zustimmten, dass sie das Informationsfreiheitsgesetz kennen, 62 (2,7 %) Befragte wissen es nicht, 19 (6,8 %) Befragte sind sich nicht sicher, und 12 (4,3 %) Befragte waren unentschlossen. Die meisten Befragten wussten über das Informationsfreiheitsgesetz Bescheid, was bedeutet, dass sie in einer besseren Position sind, um relevante Informationen für die Studie zu liefern.

Tabelle 2 zeigt auch, inwieweit die Journalisten über die Bestimmungen des Gesetzes informiert sind: Von der Gesamtbevölkerung der Stichprobe gaben 56 (20,2 %) der Befragten an, dass sie sehr viel wissen, 184 (66,4 %) gaben an, dass sie viel wissen, 32 (11,6 %) gaben an, dass sie mittelmäßig viel wissen, und 5 (1,8 %) gaben an, dass sie wenig wissen. Dies bedeutet, dass die meisten Befragten Zugang zu den Bestimmungen des Gesetzes hatten und somit in einer besseren Position sind, um den Nutzen des Gesetzes für die journalistische Praxis angemessen zu bewerten. Tabelle 1 zeigt auch, inwieweit die Befragten den Bestimmungen des Gesetzes im Hinblick auf Transparenz und gute Regierungsführung zustimmen. Von der Gesamtbevölkerung der Stichprobe bejahten 249 (20,6)

Befragte, dass der Zugang zu Informationen ein Bewusstsein für Transparenz und gute

Regierungsführung schaffen würde, 6 (2,2) Befragte waren sich nicht sicher und 6 (2,2 %) Befragte

waren unentschlossen. Die meisten Befragten bejahten, dass der Zugang zu den Bestimmungen des

Informationsfreiheitsgesetzes das Bewusstsein für Transparenz und gute Regierungsführung schärfen

würde.

Tabelle 3: Wahrnehmung der Journalisten und Kenntnisstand über das Gesetz über die Informationsfreiheit

Antwort	Häufigkeit (%)			Insgesamt
	Staatliche Medien	Nationale Korrespondenten	Lokale Medien	
FOIA schafft Zugang zu staatlichen Informationen für Journalisten im Bundesstaat Benue				
Stimme voll und ganz zu	22(7.9)	12(4.3)	45(16.2)	79(28.5)
Zustimmen	113(40.8)	15(5.4)	37(13.3)	165(59.6)
Unentschlossen	8(2.9)	00(00)	4(1.4)	12(4.3)
Nicht einverstanden	5(1.8)	00(00)	10(3.6)	15(5.4)
Stimmt überhaupt nicht zu	3(1.1)	00(00)	3(1.1)	6(2.2)
Insgesamt	**151(54.5)**	**27(9.8)**	**99(35.7)**	**277(100)**
Kenntnisse des Journalisten über die FOIA				
Das Gesetz über die Informationsfreiheit wird die Demokratie stärken	55(19.8)	13(4.7)	12(4.3)	80(28.9)
Das Gesetz über die Informationsfreiheit ist eine völlige Frechheit und wird in Nigeria nicht funktionieren	00(00)	00(00)	8(2.9)	8(2.9)
Das Gesetz über die Informationsfreiheit wird die journalistische Praxis im Bundesstaat Benue verbessern	25(9.0)	2(0.7)	33(11.9)	60(21.7)
Informationsfreiheitsgesetz macht Journalisten sozialer	00(00)	00(00)	00(00)	00(00)
Alle oben genannten Punkte	71(25.6)	12(4.3)	24(8.7)	107(38.6)
Insgesamt	**151(54.5)**	**27(9.8)**	**99(35.7)**	**277(100)**
Kenntnis des Gesetzes über die Informationsfreiheit und dessen Wert bei Journalisten im Bundesstaat Benue				
Sehr hoch	34(12.3)	8(2.9)	32(11.5)	74(26.7)
Hoch	92(33.2)	19(6.5)	55(19.8)	166(59.9)
Niedrig	20(7.2)	00(00)	00(00)	20(7.2)
Sehr niedrig	00(00)	00(00)	00(00)	00(00)
Unentschlossen	5(1.8)	00(00)	12(4.3)	17(6.1)
Insgesamt	**151(54.5)**	**27(9.8)**	**99(35.7)**	**277(100)**

Quelle: Feldstudie, 2018.

Die Daten in Tabelle 3 zeigen, inwieweit die Journalisten im Bundesstaat Benue dem Freedom Information Act und dem leichten Zugang zu Informationen der Regierung zustimmen. Von der Gesamtbevölkerung der Stichprobe stimmten 72 (28,5 %) der Befragten voll und ganz zu, 165 (59,6 %) stimmten zu, 12 (4,3 %) waren unentschieden, 15 (5,4 %) stimmten nicht zu und 6 (2,2 %) stimmten nicht zu. Die meisten Befragten stimmten entweder voll und ganz zu oder stimmten zu, dass der Zugang zum Informationsfreiheitsgesetz den Journalisten im Bundesstaat Benue tatsächlich einen leichteren Zugang zu den von der Regierung bereitgehaltenen Informationen ermöglicht. Was das Wissen der Journalisten über dieses Gesetz betrifft, so sind 80 (28,9%) der Befragten der Meinung, dass das Informationsfreiheitsgesetz die Demokratie stärken wird, 8 (2,9%) der Befragten sagten, dass es in Nigeria nicht funktionieren wird, weil das Gesetz völlige Freiheit garantiert, 60 (21,7%) der Befragten sagten, dass das Informationsfreiheitsgesetz eine effektive journalistische Praxis unter den Journalisten im Bundesstaat Benue sicherstellen wird, und 107 (38,6%) der Befragten gaben alle der oben genannten Optionen an. Obwohl die meisten Befragten alle oben genannten Optionen angaben, zeigen die allgemeinen Antworten, dass das Informationsfreiheitsgesetz die Demokratie stärken und eine effektive journalistische Praxis unter den Journalisten im Bundesstaat Benue gewährleisten wird. Die Daten in der obigen Tabelle zeigen auch den Kenntnisstand der Journalisten über das Informationsfreiheitsgesetz und seinen Wert für den Journalismus im Bundesstaat Benue. Darüber hinaus zeigen die Daten aus der obigen Tabelle, dass von der Gesamtbevölkerung 74 (26,7%) der Befragten das Ausmaß, in dem das Informationsfreiheitsgesetz die journalistische Praxis im Hinblick auf eine faire, ausgewogene, genaue und objektive Berichterstattung unterstützen kann, als sehr hoch einstuften, 166 (59,9%) als hoch, 20 (7,2%) als niedrig und 17 (6,19%) als unentschieden. Die meisten Befragten (86,6 %) hatten einen hohen Kenntnisstand über das Informationsfreiheitsgesetz und seinen Wert für Journalisten im Bundesstaat Benue.

Tabelle 4: Auswirkungen der Anwendung des Gesetzes über die Informationsfreiheit auf die journalistische Praxis im Bundesstaat Benue

Antwort	Staatliche Medien	Häufigkeit (%) Nationale Korrespondenten	Lokale Medien	Insgesamt
Ausmaß, in dem FOIA die journalistische Praxis im Hinblick auf eine faire, ausgewogene, genaue und objektive Berichterstattung unterstützt				
Sehr großes Ausmaß	29(10.5)	27(9.8)	77(27.8)	133(48.0)
Großes Ausmaß	101(36.5)	00(00)	22(7.9)	123(44.4)
Geringes Ausmaß	21(7.6)	00(00)	00(00)	21(7.6)
Sehr geringes Ausmaß	00(00)	00(00)	00(00)	00(00)
Unentschlossen	00(00)	00(00)	00(00)	00(00)
Insgesamt	**151(54.5)**	**27(9.8)**	**99(35.7)**	**277(100)**
Der Einfluss des Wissens von Journalisten über FOIA auf die journalistische Praxis im Bundesstaat Benue				
Verbessert den Standard der journalistischen Praxis	11(4.0)	6(2.2)	28(10.1)	45(16.2)
Erleichtert das Recht auf freie Meinungsäußerung	8(2.9)	00(00)	4(1.4)	12(4.3)
Es verbessert den einfachen Zugang zu öffentlichen Aufzeichnungen/Informationen	125(45.1)	21(7.6)	67(24.2)	213(76.9)
Verhindert die Vermarktung von Nachrichten	2(0.7)	00(00)	00(00)	2(0.7)
Förderung der Kritik an der Regierung, wenn nötig	7(2.5)	00(00)	00(00)	7(2.5)
Insgesamt	**151(54.5)**	**27(9.8)**	**99(35.7)**	**277(100)**
Die Verwendung von FOIA gewährleistet eine effektive journalistische Praxis unter Journalisten im Bundesstaat Benue				
Stimme voll und ganz zu	33(11.9)	5(1.8)	8(2.9)	46(16.7)
Zustimmen	109(39.4)	22(7.9)	91	222(80.1)
Unentschlossen	9(3.2)	00(00)	00(00)	9(3.2)
Nicht einverstanden	00(00)	00(00)	00(00)	00(00)
Stimmt überhaupt nicht zu	00(00)	00(00)	00(00)	00(00)
Insgesamt	**151(54.5)**	**27(9.8)**	**99(35.7)**	**277(100)**

Quelle: Feldstudie, 2018.

Die Daten in Tabelle 4 zeigen, inwieweit die Journalisten der Meinung sind, dass das Gesetz über die Informationsfreiheit die journalistische Praxis im Hinblick auf eine faire, ausgewogene, genaue und objektive Berichterstattung unterstützt. Von der Gesamtbevölkerung der Stichprobe gaben 133 (48,0 %) Befragte an, dass dies in sehr hohem Maße der Fall ist, 123 (44,4 %) Befragte gaben an, dass dies in hohem Maße der Fall ist, und 21 (7,69 %) Befragte gaben an, dass dies in geringem Maße der Fall ist. Die meisten Befragten stimmten in hohem Maße zu, dass die Gesetze zur Informationsfreiheit (FOI) die journalistische Praxis im Hinblick auf eine faire, ausgewogene, genaue und objektive Berichterstattung unterstützen. Die Tabelle zeigt auch die Auswirkungen des Wissens der Journalisten über das Informationsfreiheitsgesetz auf die journalistische Praxis im Bundesstaat Benue. Von der Gesamtbevölkerung gaben 45 (16,2 %) der Befragten an, dass sich die journalistische Praxis verbessert hat, 42 (4,3 %) gaben an, dass es die freie Meinungsäußerung erleichtert, 213 (75,9 %) gaben an, dass es den Zugang zu öffentlichen Unterlagen/Informationen erleichtert, 2 (0,7 %) gaben an, dass es die Kommerzialisierung von Nachrichten verhindert und 7 (2,5 %) gaben an, dass es die Kritik an der Regierung fördert, wenn dies notwendig ist. Die meisten Befragten gaben an, dass die Auswirkungen der Informationsfreiheitsgesetze auf die journalistische Praxis im Bundesstaat Benue darin bestehen, dass sie den Zugang zu öffentlichen Aufzeichnungen/Informationen erleichtert haben.

Tabelle 4 zeigt, dass von der Gesamtbevölkerung 46 (16,7 %) der Befragten der Meinung waren, dass das Informationsfreiheitsgesetz eine effektive journalistische Praxis unter den Journalisten im Bundesstaat Benue gewährleistet, 222 (80,1 %) stimmten zu und 9 (3,2 %) waren unentschieden.

Tabelle 5: Art und Wirksamkeit der Informationsfreiheitsgesetze in der journalistischen Praxis im Bundesstaat Benue.

Antwort	Häufigkeit (%)			Insgesamt
	Staatliche Medien	Nationale Korrespondenten	Lokale Medien	
Sehr hoch	00(00)	00(00)	00(00)	00(00)
Hoch	7(2.5)	2(0.7)	00(00)	9(3.2)
Durchschnitt	29(10.5)	22(7.9)	78(28.2)	129(46.6)
Niedrig	111(40.1)	3(1.1)	21(7.6)	135(48.7)
Sehr niedrig	4(1.4)	00(00)	00(00)	4(1.4)
Insgesamt	**151(54.5)**	**27(9.8)**	**99(35.7)**	**277(100)**
Sehr wirksam	00(00)	00(00)	00(00)	00(00)
Teilweise wirksam	00(00)	00(00)	00(00)	00(00)
Nicht wirksam	107(38.6)	19(9.7)	89(32.1)	215(77.6)
Nicht sehr effektiv	33(11.9)	8(2.9)	10(0.4)	51(18.4)
Unentschlossen	11(4.0)	00(00)	00(00)	11(4.0)
Insgesamt	**151(54.5)**	**27(9.8)**	**99(35.7)**	**277(100)**
Zugang zu geheimen Informationen	22(7.9)	5(1.8)	31(11.2)	58(20.9)
Häufige Untersuchung von Regierungsaktivitäten	19(6.9)	5(1.8)	7(2.5)	31(11.2)
Professionalität der Journalisten im Bundesstaat Benue	5(1.8)	00(00)	00(00)	5(1.8)
Freie Meinungsäußerung und wichtige Informationen von öffentlichem Interesse	14(5.1)	00(00)	00(00)	14(5.1)
Alle oben genannten Punkte	91(32.8)	17(6.1)	61(22.0)	169(61.0)
Insgesamt	**151(54.5)**	**27(9.8)**	**99(35.7)**	**277(100)**

Quelle: Feldstudie, 2018.

Die in Tabelle 5 enthaltenen Daten zeigen das Ausmaß der Anwendung des Informationsfreiheitsgesetzes auf die journalistische Praxis im Bundesstaat Benue. Von der Gesamtbevölkerung der Stichprobe gaben 9 (3,2 %) der Befragten an, dass die Anwendung des Informationsfreiheitsgesetzes auf die journalistische Praxis im Bundesstaat Benue hoch sei, 129 (46,6 %) der Befragten gaben an, dass die Anwendung durchschnittlich sei, 135 (48,7 %) der Befragten gaben an, dass sie niedrig sei und 4 (1,4 %) der Befragten gaben an, dass sie sehr niedrig sei. Die meisten Befragten gaben an, dass die Nutzung des Informationsfreiheitsgesetzes für die journalistische Praxis in Benue gering ist. Von der Gesamtbevölkerung der Stichprobe gaben 215 (77,6 %) Befragte an, dass das FOI-Gesetz nicht wirksam zur Unterstützung der Journalisten bei der Erfüllung ihrer Aufgaben eingesetzt wurde, 51 (18,4 %) Befragte gaben an, dass es nicht sehr wirksam sei, und 11 (4,0 %) Befragte waren unentschieden. Die meisten Befragten gaben an, dass die Anwendung des Informationsfreiheitsgesetzes die Erfüllung der Aufgaben von Journalisten nicht wirksam unterstützt hat.

Tabelle 5 zeigt auch, dass von der in der Stichprobe enthaltenen Bevölkerung 58 (20,9 %) Befragte den Zugang zu geheimen Informationen als die Art der Nutzung des Informationsfreiheitsgesetzes für die journalistische Praxis im Bundesstaat Benue angaben, 31 (11,2 %) Befragte gaben an, dass sie häufig über die Aktivitäten der Regierung recherchieren, 5 (1,8 %) Befragte gaben an, dass Journalisten im Bundesstaat Benue professionell arbeiten, 14 (5,1 %) Befragte gaben an, dass sie ihre Meinung frei äußern können, 169 (61,0) Befragte gaben alle oben genannten Optionen an. Die meisten Befragten gaben alle oben genannten Optionen an, was bedeutet, dass die Art der Nutzung des Informationsfreiheitsgesetzes den Zugang zu geheimen Informationen, häufige Nachforschungen über die Aktivitäten der Regierung und die Freiheit der Meinungsäußerung beinhaltet.

Tabelle 6: Herausforderungen bei der Nutzung des Gesetzes über die Informationsfreiheit durch Journalisten im Bundesstaat Benue.

Antwort	Häufigkeit (%)			Insgesamt
	Staatliche Medien	Nationale Korrespondenten	Lokale Medien	
Ja, ich will	118(42.6)	24(8.7)	72(26.0)	214(77.3)
Nein, das tue ich nicht.	00(00)	00(00)	00(00)	00(00)
Nicht wirklich	00(00)	00(00)	00(00)	00(00)
Manchmal	33(11.9)	3(1.1)	27(9.7)	63(22.7)
Unentschlossen	00(00)	00(00)	00(00)	00(00)
Insgesamt	**151(54.5)**	**27(9.8)**	**99(35.7)**	**277(100)**
Einschränkung des Rechts von Journalisten, Fakten über Inhaber öffentlicher Ämter zu veröffentlichen	87(31.4)	11(4.0)	22(7.9)	120(43.3)
Beschlagnahme von gedrucktem Nachrichtenmaterial, das belastende Informationen über Beamte der Regierung enthält	00(00)	00(00)	14(5.1)	14(5.1)
Ein höheres Maß an Korruption sowohl bei den Amtsträgern als auch bei den Journalisten in Form von Gratifikationen, um Fakten zu verschleiern	00(00)	00(00)	00(00)	00(00)
Alle oben genannten Punkte	64(23.1)	16(5.8)	63(22.7)	143(51.6)
Insgesamt	151(54.5)	27(9.8)	99(35.7)	277(100)
Sehr großes Ausmaß	44(15.9)	3(1.1)	15(5.4)	62(22.4)
Großes Ausmaß	73(26.3)	13(4.7)	71(25.6)	157(56.7)
Durchschnittlicher Umfang	32(11.6)	11(4.0)	13(5.0)	56(20.2)
Geringes Ausmaß	2(0.7)	00(00)	00(00)	**2(0.7)**
Sehr geringes Ausmaß	00(00)	00(00)	00(00)	00(00)
Insgesamt	151(54.5)	27(9.8)	99(35.7)	277(100)
Regierungsbeamte und Politiker	138(49.8)	27(9.8)	91(32.8)	256(92.4)
Die Judikative	00(00)	00(00)	00(00)	00(00)
Die Gesetzgeber auf nationaler und bundesstaatlicher Ebene	2(0.7)	00(00)	00(00)	2(0.7)
Alle oben genannten Punkte	11(4.0)	00(00)	8(2.9)	19(6.8)
Insgesamt	**151(54.5)**	**27(9.8)**	**99(35.7)**	**277(100)**

Quelle: Feldstudie, 2018.

Die Daten in Tabelle 6 zeigen, dass von der Gesamtbevölkerung 214 (77,3 %) der Befragten der Aussage zustimmten, dass sie bei der Nutzung des Gesetzes über die Informationsfreiheit im

Bundesstaat Benue Schwierigkeiten haben, und 63 (22,7 %) der Befragten sagten, dass sie manchmal Schwierigkeiten bei der Nutzung des Gesetzes über die Informationsfreiheit im Bundesstaat Benue haben. Die meisten Befragten stimmten zu, dass sie bei der Nutzung des Informationsfreiheitsgesetzes im Bundesstaat Benue auf Herausforderungen stoßen. Aus der Tabelle geht hervor, dass 120 (43,3 %) der Befragten angaben, dass Journalisten daran gehindert werden, Fakten über Inhaber öffentlicher Ämter zu veröffentlichen, 14 (5,1) der Befragten gaben an, dass gedrucktes Nachrichtenmaterial, das belastende Informationen über die Inhaber öffentlicher Ämter enthält, beschlagnahmt wird, und 143 (51,6 %) der Befragten gaben an, dass sie alle oben genannten Möglichkeiten in Anspruch nehmen. Da die meisten Befragten alle oben genannten Optionen als Herausforderungen bei der Nutzung des Informationsfreiheitsgesetzes im Bundesstaat Benue angaben, bedeutet dies, dass Journalisten mit den folgenden Herausforderungen konfrontiert sind: Einschränkung von Journalisten bei der Veröffentlichung von Fakten über Amtsträger; Beschlagnahmung von gedrucktem Nachrichtenmaterial, das belastende Informationen über die Amtsträger der Regierung enthält, und ein höheres Maß an Korruption sowohl bei den Amtsträgern als auch bei den Journalisten in Form von Gratifikationen, um Fakten zu verbergen.

Tabelle 6 zeigt auch das Ausmaß, in dem die identifizierten Herausforderungen die Nutzung des Informationsfreiheitsgesetzes durch Journalisten im Bundesstaat Benue behindert haben. Von der Gesamtbevölkerung der Stichprobe gaben 62 (22,4) Befragte an, dass die festgestellten Probleme die Nutzung des Gesetzes über die Informationsfreiheit im Bundesstaat Benue durch die Journalisten sehr stark behinderten, 157 (56,7) Befragte gaben ein großes Ausmaß an, 56 (20,2) Befragte gaben ein mittleres Ausmaß an und 2 (0,7) Befragte gaben ein kleines Ausmaß an. Die meisten Befragten gaben entweder ein sehr großes Ausmaß oder ein großes Ausmaß als das Ausmaß an, in dem die identifizierten Herausforderungen die Nutzung des Informationsfreiheitsgesetzes im Bundesstaat Benue durch die Journalisten behinderten.

Darüber hinaus gaben 256 (92,4 %) Befragte an, dass Regierungsbeamte und Politiker die Hauptakteure sind, die sich gegen die Nutzung des Informationsfreiheitsgesetzes durch Journalisten im Bundesstaat Benue wehren, nur 2 (0,7) Befragte gaben an, dass die Gesetzgeber auf nationaler und bundesstaatlicher Ebene betroffen sind, und 19 (6,8 %) Befragte gaben alle oben genannten Optionen an. Die meisten Befragten gaben an, dass Regierungsbeamte und Politiker die Hauptakteure sind, die sich gegen die Nutzung des Gesetzes über die Informationsfreiheit durch Journalisten im Bundesstaat Benue wehren.

4.2 Beantwortung der Forschungsfragen

i.   *Inwieweit sind die Journalisten im Bundesstaat Benue für das Gesetz über die Informationsfreiheit sensibilisiert?*

Die in den Tabellen 2 und 3 enthaltenen Daten wurden zur Beantwortung der ersten Forschungsfrage herangezogen. Die Daten in der Tabelle zeigten, dass die meisten Befragten (228, 82,3) zustimmten, dass sie das Gesetz über die Informationsfreiheit für die journalistische Praxis im Bundesstaat Benue kennen. Auch aus Tabelle 1 geht hervor, dass die meisten Journalisten, nämlich 56 (20,2 %) und 184 (66,4 %), entweder angaben, dass sie die Bestimmungen des Informationsfreiheitsgesetzes in sehr hohem oder hohem Maße kannten. Dies bedeutet, dass die Journalisten im Bundesstaat Benue ausreichend über die Bestimmungen des Gesetzes und die damit verbundenen Vorteile für die journalistische Praxis informiert sind. Darüber hinaus bestätigten die meisten Journalisten im Bundesstaat Benue, dass der Zugang zu den Bestimmungen des Informationsfreiheitsgesetzes ein Bewusstsein für Transparenz und gute Regierungsführung schaffen würde.

Die Daten in Tabelle 3 zeigen, dass die meisten Befragten entweder stark zustimmten oder zustimmten, dass die Informationsfreiheit Journalisten im Bundesstaat Benue tatsächlich Zugang zu Informationen verschaffen kann, die der Regierung vorliegen.

ii.   *Wie ist der Kenntnisstand der Journalisten über den Freedom of Information Act in Bezug auf die journalistische Praxis im Bundesstaat Benue?*

Die in den Tabellen 3 und 4 enthaltenen Daten wurden zur Beantwortung der zweiten Forschungsfrage herangezogen. Aus Tabelle 3 geht hervor, dass die meisten Journalisten, nämlich 140 (50,6%), der Meinung sind, dass das Informationsfreiheitsgesetz die Demokratie stärkt und eine effektive journalistische Praxis unter den Journalisten im Bundesstaat Benue gewährleistet.

Die Tabelle zeigt auch, dass die meisten Journalisten (86,6%) ein hohes Maß an Wissen über das Informationsfreiheitsgesetz und seinen Wert bei Journalisten im Bundesstaat Benue haben.

Die Daten in Tabelle 4 zeigen, dass 257 Journalisten (92,4 %) weitgehend zustimmten, dass das Informationsfreiheitsgesetz die journalistische Praxis in Richtung einer fairen, ausgewogenen, genauen und objektiven Berichterstattung unterstützt. Die Tabelle zeigt auch, dass die meisten Journalisten einen verbesserten Zugang zu öffentlichen Aufzeichnungen/Informationen als Auswirkung des Wissens der Journalisten über das Informationsfreiheitsgesetz auf die journalistische Praxis im Bundesstaat Benue angaben. Tabelle 4 zeigt, dass die meisten Journalisten, nämlich 268 (96,8%), entweder stark zustimmten oder zustimmten, dass das Informationsfreiheitsgesetz eine effektive journalistische Praxis unter den Journalisten im Bundesstaat Benue gewährleistet.

iii.   *Inwieweit nutzen Journalisten im Bundesstaat Benue das Gesetz über die Informationsfreiheit?*

Die in Tabelle 5 enthaltenen Daten wurden zur Beantwortung der dritten Forschungsfrage herangezogen. Aus der Tabelle geht hervor, dass die meisten Journalisten, nämlich 135 (48,7 %), das Ausmaß der Anwendung des Informationsfreiheitsgesetzes auf die journalistische Praxis im Bundesstaat Benue als gering bezeichneten. Von der Gesamtbevölkerung gaben 215 (77,6 %) der Befragten an, dass das FOI-Gesetz nicht wirksam zur Unterstützung der Journalisten bei der Erfüllung ihrer Aufgaben eingesetzt wurde. Aus Tabelle 5 geht hervor, dass die meisten Journalisten das Informationsfreiheitsgesetz nutzen, um Zugang zu geheimen Informationen zu erhalten, häufig Regierungsaktivitäten zu untersuchen und ihre Meinung frei zu äußern.

iv.   *Welches sind die größten Probleme und Herausforderungen, die Journalisten daran hindern, das Gesetz über die Informationsfreiheit im Bundesstaat Benue zu nutzen?*

Die in Tabelle 6 enthaltenen Daten wurden zur Beantwortung der vierten Forschungsfrage herangezogen. Aus der Tabelle geht hervor, dass die meisten Journalisten, nämlich 214 (77,3 %), zustimmten, dass sie bei der Nutzung des Gesetzes über die Informationsfreiheit im Bundesstaat Benue auf Herausforderungen stießen. Aus der Tabelle geht hervor, dass die Journalisten daran gehindert werden, Fakten über Amtsträger zu veröffentlichen, dass gedrucktes Nachrichtenmaterial beschlagnahmt wird, das belastende Informationen über Amtsträger der Regierung enthält, und dass die Korruption sowohl bei den Amtsträgern als auch bei den Journalisten zunimmt, um Fakten zu verschleiern.

Darüber hinaus ergab die Tabelle, dass die identifizierten Herausforderungen die Nutzung des Informationsfreiheitsgesetzes durch die Journalisten im Bundesstaat Benue in hohem Maße behinderten. Die Studie ergab auch, dass die meisten Journalisten, nämlich 256 (92,4 %), Regierungsbeamte und Politiker als die Hauptakteure angaben, die die Nutzung des Gesetzes über die Informationsfreiheit durch Journalisten im Bundesstaat Benue behindern.

4.3   Diskussion der Befunde

Der Kern dieser Studie wurde im Einklang mit den früheren Forschungsfragen in Kapitel eins vorgestellt. Auf dieser Grundlage ergab die Studie, dass die meisten Journalisten, nämlich 228 (82,3), zustimmten, dass ihnen das Gesetz über die Informationsfreiheit für die journalistische Praxis im Bundesstaat Benue bekannt war. Aus Tabelle 1 geht außerdem hervor, dass die meisten Journalisten, nämlich 56 (20,2 %) und 184 (66,4 %), entweder angaben, dass sie die Bestimmungen des Gesetzes über die Informationsfreiheit in sehr hohem Maße oder in hohem Maße kennen. Dies bedeutet, dass die Journalisten im Bundesstaat Benue ausreichend über die Bestimmungen des Gesetzes und die damit verbundenen Vorteile für die journalistische Praxis informiert sind. Dieses Ergebnis stimmt mit Malayo (2012) überein, der behauptete, dass das Bewusstsein der Journalisten für das FOIA wächst. Dies überrascht nicht, da Journalisten neben anderen Organisationen der Zivilgesellschaft an vorderster Front für die Verabschiedung des Informationsfreiheitsgesetzes eintraten. Dieses Bewusstsein, so wurde festgestellt, ist notwendig, um die latenten Chancen des FOIA in Nigeria zu maximieren. Die Studie ergab außerdem, dass Journalisten im Bundesstaat Benue bestätigten, dass der Zugang zum Informationsfreiheitsgesetz ein Bewusstsein für Transparenz und gute Regierungsführung schaffen würde. Diese Ansicht stimmt mit der Aussage von Abia (2012) überein, der argumentierte, dass mit dem Inkrafttreten des Gesetzes auch erwartet wird, dass Journalisten Zugang zu genaueren Informationen haben werden, was die Qualität der journalistischen Praxis verbessern würde. Die Tatsache, dass das nigerianische Gesetz über die Informationsfreiheit vor dem Hintergrund der internationalen Bestätigung des Rechts der Bürger auf Zugang zu Informationen öffentlicher Stellen als grundlegendes Menschenrecht vorgeschlagen wurde, ist unbestreitbar. Es ist daher aufschlussreich festzustellen, dass der FoIA eines der Kriterien für die Beurteilung eines wirklich demokratischen Staates ist.

Die Studie ergab auch, dass die meisten Journalisten (86,6 %) ein hohes Maß an Wissen über das Informationsfreiheitsgesetz und seinen Wert für Journalisten im Bundesstaat Benue hatten. Es wurde auch festgestellt, dass die meisten Journalisten, nämlich 257 (92,4 %), in hohem Maße zustimmten, dass das Informationsfreiheitsgesetz die journalistische Praxis in Richtung einer fairen, ausgewogenen, genauen und objektiven Berichterstattung unterstützt. Die Tabelle zeigt auch, dass die meisten Journalisten einen verbesserten Zugang zu öffentlichen Aufzeichnungen/Informationen als Auswirkung des Wissens der Journalisten über das Informationsfreiheitsgesetz auf die journalistische Praxis im Bundesstaat Benue angaben. Diese Ergebnisse stimmen mit der Position von Nyei (2011) überein, der feststellte, dass das Informationsfreiheitsgesetz von 2011 für die Verankerung von Demokratie und guter Regierungsführung in Nigeria äußerst wichtig ist. Informationen sind für das Funktionieren einer echten Demokratie unerlässlich. Die Bürgerinnen und Bürger müssen über die Angelegenheiten der Regierung informiert werden. Der freie Austausch von Ideen und Diskursen wird als wesentlich für das Überleben einer freien Gesellschaft angesehen. Die Grundlage eines demokratischen Staates ist die Existenz einer informierten Bevölkerung, die in der Lage ist, ihre Vertreter mit Bedacht zu wählen und sie zur Rechenschaft zu ziehen. Ein Land, das Zugang zu staatlichen Informationen gewährt, verfügt über eine solidere Demokratie, da das Informationsfreiheitsgesetz die Existenz einer pluralistischen Gesellschaft fördert, in der Unterschiede in der Ideologie, im Glauben und in der Orientierung als notwendige Bestandteile der Demokratie geschätzt werden.

Darüber hinaus ergab die Studie, dass die Art der Nutzung des Informationsfreiheitsgesetzes den Zugang zu geheimen Informationen, die häufige Untersuchung von Regierungsaktivitäten und die Freiheit der Meinungsäußerung umfasst. Die Studie stellte jedoch fest, dass Journalisten im Bundesstaat Benue nicht effektiv bei der Erfüllung ihrer Pflichten unterstützt werden und dass der Umfang der Nutzung des Freedom of Information Act für die journalistische Praxis im Bundesstaat Benue gering ist. Dieser Befund stimmt mit Dunu und Ugbo (2014) überein, die darauf hinwiesen, dass das FOI-

Gesetz in den meisten afrikanischen Ländern von Journalisten nicht angemessen genutzt wurde, um das Recht der Bevölkerung auf Information zu schützen oder Eingriffe der Regierung zu bekämpfen; es ist wichtig festzustellen, ob solche Erkenntnisse auch in Nigeria gemacht werden und warum.

Schließlich ergab die Studie, dass die meisten Journalisten, nämlich 214 (77,3 %), zustimmten, dass sie bei der Nutzung des Gesetzes über die Informationsfreiheit im Bundesstaat Benue auf Herausforderungen stießen. Aus der Tabelle geht hervor, dass diese Herausforderungen darin bestehen, dass Journalisten daran gehindert werden, Fakten über Amtsträger zu veröffentlichen, dass gedrucktes Nachrichtenmaterial beschlagnahmt wird, das belastende Informationen über Amtsträger der Regierung enthält, und dass die Korruption sowohl bei Amtsträgern als auch bei Journalisten zugenommen hat, um Fakten zu vertuschen. Darüber hinaus ergab die Tabelle, dass die identifizierten Herausforderungen die Nutzung des Informationsfreiheitsgesetzes durch die Journalisten im Bundesstaat Benue in hohem Maße behinderten. Die Studie ergab auch, dass die meisten Journalisten, nämlich 256 (92,4 %), Regierungsbeamte und Politiker als die Hauptakteure nannten, die die Nutzung des Gesetzes über die Informationsfreiheit durch Journalisten im Bundesstaat Benue behindern. Dieses Ergebnis stimmt mit der Ansicht von Ajulo (2011) überein, der das Amtsgeheimnis als eine Herausforderung für das Informationsfreiheitsgesetz in Nigeria bezeichnete. Diese Geheimhaltung wird durch andere Rechtsvorschriften und Gesetze verstärkt, die den freien Zugang zu benötigten Informationen behindern. Coker (2011) trägt dazu bei, dass das FoI-Gesetz vor enormen Herausforderungen in Bezug auf die Entwicklung des Humankapitals steht. Odigwe (2011) untersucht das FoI-Gesetz mit seinen Auswirkungen auf die Aktenführung im öffentlichen Dienst in Nigeria und behauptet, dass das FoI-Gesetz den öffentlichen Bediensteten vor Strafverfolgung schützt, insbesondere im Hinblick auf die Weitergabe von erforderlichen Informationen an die Öffentlichkeit. Ojo (2010) untersucht das FoI-Gesetz, wie es sich auf Medienschaffende auswirkt, und hebt die größere Verantwortung hervor, die das Gesetz den Medienorganisationen auferlegt, das FoI-Gesetz zu nutzen, um an Informationen heranzukommen und diese für die allgemeine Bevölkerung zu veröffentlichen.

KAPITEL FÜNF

ZUSAMMENFASSUNG, SCHLUSSFOLGERUNG UND EMPFEHLUNGEN

5.1 Zusammenfassung

Diese Studie bewertet das Bewusstsein, das Wissen und die Anwendung des Informationsfreiheitsgesetzes auf die journalistische Praxis in Benue. Die Studie hat die Theorie der demokratischen Teilnehmer als theoretischen Rahmen. Für die Datenerhebung bei den registrierten Journalisten im Bundesstaat Benue wurde ein Fragebogen als Instrument verwendet. Auf dieser Grundlage ergab die Studie, dass die meisten Journalisten, nämlich 228 (82,3), zustimmten, dass ihnen das Gesetz über die Informationsfreiheit für die journalistische Praxis im Bundesstaat Benue bekannt war. Auch aus Tabelle 1 geht hervor, dass die meisten Journalisten, nämlich 56 (20,2 %) und 184 (66,4 %), entweder angaben, dass sie die Bestimmungen des Gesetzes über die Informationsfreiheit in sehr hohem Maße oder in hohem Maße kennen.

Die Studie ergab auch, dass die meisten Journalisten (86,6 %) ein hohes Maß an Wissen über das Informationsfreiheitsgesetz und seinen Wert für Journalisten im Bundesstaat Benue hatten. Es wurde auch festgestellt, dass die meisten Journalisten, die 257 (92,4 %) repräsentierten, weitgehend zustimmten, dass das Informationsfreiheitsgesetz die journalistische Praxis in Richtung einer fairen, ausgewogenen, genauen und objektiven Berichterstattung unterstützt.

Darüber hinaus ergab die Studie, dass die Art der Nutzung des Informationsfreiheitsgesetzes den Zugang zu geheimen Informationen, die häufige Untersuchung von Regierungsaktivitäten und die Freiheit der Meinungsäußerung umfasst. Die Studie stellte jedoch fest, dass die Journalisten im Bundesstaat Benue das Gesetz über die Informationsfreiheit nicht effektiv zur Erfüllung ihrer Aufgaben nutzen und dass das Ausmaß der Nutzung des Gesetzes über die Informationsfreiheit in der journalistischen Praxis im Bundesstaat Benue gering ist.

Schließlich ergab die Studie, dass die meisten Journalisten, nämlich 214 (77,3 %), zustimmten, dass sie bei der Nutzung des Gesetzes über die Informationsfreiheit im Bundesstaat Benue auf Herausforderungen stießen. Aus der Tabelle geht hervor, dass diese Herausforderungen darin bestehen, dass Journalisten daran gehindert werden, Fakten über die Inhaber öffentlicher Ämter zu veröffentlichen, dass gedrucktes Nachrichtenmaterial beschlagnahmt wird, das belastende

Informationen über Regierungsbeamte enthält, und dass sowohl die Inhaber öffentlicher Ämter als auch die Journalisten ein höheres Maß an Korruption an den Tag legen, um Fakten zu verschleiern.

5.2 Schlussfolgerung

Die Studie ergab, dass die meisten Journalisten zwar die Bestimmungen des Informationsfreiheitsgesetzes kennen, es aber bei der Erfüllung ihrer Aufgaben nicht effektiv nutzen. Die Studie kommt auch zu dem Schluss, dass Journalisten bei der Nutzung des Informationsfreiheitsgesetzes mit verschiedenen Herausforderungen konfrontiert sind, wie z.b. der Einschränkung von Journalisten bei der Veröffentlichung von Fakten über Amtsträger, der Beschlagnahmung von gedrucktem Nachrichtenmaterial, das belastende Informationen über Amtsträger der Regierung enthält, und einem höheren Maß an Korruption sowohl bei den Amtsträgern als auch bei den Journalisten in Form von Gratifikationen, um Fakten zu verbergen.

5.3 Empfehlungen

Auf der Grundlage der gezogenen Schlussfolgerungen wird in dieser Studie die folgende Empfehlung ausgesprochen;

1. Die Journalisten im Bundesstaat Benue sollten nicht nur von der Verabschiedung des FOIA wissen, sondern auch mit den einschlägigen Bestimmungen des Gesetzes vertraut sein. Wenn sie das tun, können sie das Gesetz optimal nutzen.

2. Die Medien sollten mit der Justiz zusammenarbeiten, um die Exekutive zu zwingen, Journalisten ungehinderten Zugang zu öffentlichen Dokumenten zu gewähren, um die Rechenschaftspflicht und die gute Regierungsführung in Nigeria im Allgemeinen und im Bundesstaat Benue im Besonderen zu verbessern.

3. Einige der pressefeindlichen Gesetze, die unser Gesetzbuch zieren, sollten entweder gestrichen oder abgeschafft werden. Auf diese Weise kann der FOIA für die nigerianische Nation und ihre Bürger gleichermaßen von Nutzen sein.

5.4 Vorschläge für weitere Studien

In dieser Studie wird vorgeschlagen, weitere Untersuchungen durchzuführen, um die Faktoren zu ermitteln, die die Art der Nutzung des Freedom of Information Act durch Journalisten im Bundesstaat Benue beeinflussen.

REFERENZEN

Okoro, N. U. und Odoemelam, C. C. (2014). Theorien der Massenkommunikation und ihre Anwendungen. *Journal of Social Sciences*, University of Nsukka S. 93-106.

Babbie, E. (2007). *Die Praxis der Sozialforschung*, (11th ed.). USA: Wadsworth, Cengage Learning.

Benue State Council of the Nigerian Union of Journalist (2016). *List of Registered Chapels Under Benue NUJ*, S. 1-31.

Abone, G. O und Kur, J. T. (2014) Perceptual Influence of Freedom of Information Acton Journalism Practice in Nigeria. *Arabian Journal of Business and Management* Review3(7): 23-35

Abia, K. M. (2012). Eine Evaluierungsstudie über das Informationsfreiheitsgesetz und die Medienpraxis in Nigeria. Unveröffentlichte Projektarbeit, eingereicht bei der Abteilung für Massenkommunikation der Universität Nsukka.

Akinwale, A. A. (2010) Unterdrückung der Pressefreiheit in nigerianischen demokratischen Verhältnissen. *Africa Development*, 35(3): 47-70.

Aliede, J. (2003) *Massenmedien und Politik in Nigeria: A historical and contemporary overview*. In I.E. Nwosu (Ed.) *Polimedia: Medien und Politik in Nigeria*. Enugu: ACCE, nigerianische Sektion und Prime Targets.

Aturu, B. (2010)*Die Presse und Gerichtsverfahren in Nigeria*. Vortrag auf der Jahreskonferenz der Nigerian Bar Association, 26. August 2010, Abuja, Nigeria.

Blanton, T.S. (2002) Globale Trends beim Zugang zu Informationen. Abgerufen am 29. November 2008 von http://www.pcij.org/accessinfo/blanton.html

Ezeah, G. H. (2004) Probleme der Informationsfreiheit in Nigeria. *Nsukka Journal of Massenkommunikation* 1(1): 17-26.

Malayo K.A. (2012). An Evaluative Study of the Freedom of Information Act and Media Practice in Nigeria. (Ein Forschungsprojekt, das der Abteilung für Massenkommunikation der Philosophischen Fakultät der Universität von Nigeria, Nsukka, in teilweiser Erfüllung der Anforderungen für die Verleihung des Master of Arts in Massenkommunikation vorgelegt wurde).

Mason, M. K. (2008) The ethics of librarianship: Dilemmas rund um Bibliotheken, intellektuelle Freiheit und Zensur angesichts des kolossalen technologischen Fortschritts. Abgerufen am 29. November 2008 vonwww.moyak.com/researcher/resume/papers/ethics.html

Nkem, E. O (2011) Freedom of Information Act in Nigeria: Seine Relevanz und Herausforderungen für die nationale Entwicklung. *Journal of Applied Information Science and - 58 - Technology*, 5(1), 58-65

Oboh, A. (2012) Zwischen FoI-Gesetz und Transparenz in der Verwaltung. *Daily Independent*. Abgerufen am 11. Mai 2012 von http://dailyindependentnig.com.

Ogbondah, C. W. (2003). Die Beziehungen zwischen Staat und Presse in Nigeria (1993 - 1998). Ibadan: Spectrum Books Limited.

Soeze, C.I. (2005) Die Qualen des Journalismus. *Daily Champion*, 5. Februar, 8(4), S. 26.

Uche, L. U. (1989) *Massenmedien, Menschen und Politik in Nigeria.* Neu Delhi: Concept Publishing Co.

Yalaju, J. G. (2006). Media Law (2. Aufl.). Port Harcourt: Kanitz Repronics. Unternehmen.

Abone, G. O und Kur, J. T (2014) Perceptual Influence of Freedom of Information Act on Journalism Practice in Nigeria. *Arabian Journal of Business and Management Review* 3(7): 23-35

Australische Norm AS ISO 15489 (2001). Record Management Verfügbar unter www.archives.sa.gov. Zugriff am 22.03.2009.

Ayuba, A. A., Yahaya, Y. M., Bulama, Kand Ibrahim, D. (2011) Nigeria Freedom of Information Act 2011 and it's Implication for Records and Office Security Management. Ein Vortrag, der auf der *Internationalen Konferenz über Information und Finanzen in Singapur* gehalten wurde. *16ᵗʰ August 2011*

Dunu, I und Ugbo, G. O (2014) The Nigerian journalists' knowledge, perception and use of the freedom of information (FOI) law in journalism practices. *Journal of Media and Communication Studies* 6(1): 1- 10

Darch, C. und Underwood, P. G. (2010) *Freedom of information in the developing world: the citizen, the state and models of openness*, Oxford, Cambridge, New Delhi: Chandos Publishing.

Folarin, B. A. (1989) Theories of Mass Communication; An Introductory Text. Ibadan Sterling- Holden Ltd.

Gillmor, D. (2004) *Wir die Medien. Graswurzel-Journalismus von den Menschen, für die Menschen,* Sebastopol: O'Reilly.

Jibo, M. und Okoosi-Simbine, A. T. (2003) "The Nigerian Media: An assessment of its Role in Achieving Transparent and Accountable government in the 4th Republic" in *Nordic Journal of African Studies.*

Mendel T (2005). Das Parlament und der Zugang zu Informationen: Für eine transparente Regierungsführung Stock No.37247

Mensah, E. K. (2010) Right to information: relevance to national development. http://www.modern ghana.com/Abgerufen am 8. März 2012.

McCombs, M. E. und Shaw D. L. (1972) "The Agenda Setting Function of Mass Media" New York: Sage Publications.

McQuil, D. (1987) *Theorie der Massenkommunikation:* Los Angeles: SAGE Publication.

Nathan Hurst (2010). *Bürgerjournalismus vs. alte Medien - Der Kampf um die Vorherrschaft.* Columbia: Universität von Missouri.

Newman, N. (2009). Der Aufstieg der sozialen Medien und ihre Auswirkungen auf die Mainstream- Medien. *Arbeitspapier.* London: Reuters Institute for the Study of Journalism.

Ndiribe, O. (2011) FOI Bill läutet eine neue Ära in Nigeria ein. *Vanguard*, 25. Juni (61383), S.21.

Nyei, I. A. (2011) The importance of freedom of information in Liberia. http://ibrahimnyei.blogspot.com. Abgerufen am 9. März 2012.

Offiong, G. M. (2013) *Impact of Freedom of Information Act on Journalism Practice: Eine Studie über die journalistische Praxis in der Gemeinde Uyo - von Januar bis Juni 2013.* Ein unveröffentlichtes Undergraduate-Forschungsprojekt, eingereicht bei der Abteilung für

Massenkommunikation, Fakultät für Management und Sozialwissenschaften der Caritas-Universität Amorji-Nike, Enugu State.

Odigwe, B. (2011) Das Gesetz über die Informationsfreiheit und seine Auswirkungen auf die Aktenführung im öffentlichen Dienst. The Delta Bureaucrat. *A Bi-Annual Journal of the Delta State Public Service*. 11(1), 24-26.

Ogbuokiri, K. (2011). Nigeria: The limit of information act in Freedom of Information Act 2011and the fight against corruption and corporate fraud in governance. Abgerufen am 26th April, 2012 von http://www.allafrica.com.

Olutokun, Ayo (1996) "Governance and the Media: Nigeria and East African Perspective" (Nigeria und ostafrikanische Perspektive), vorgetragen auf dem Governance Seminar im Novotel, Arusha, Tansania, 12. bis 16. Mai,

Omotayo, F. O. (2015) "The Nigeria Freedom of Information Law: Progress, Implementation Challenges and Prospects". *Library Philosophy and Practice (E-Journal)*. Paper 1219: 1- 19

Paquet.S. (2003) "Soziotechnologische Ansätze zur Erleichterung des Wissensaustauschs über die Grenzen von Disziplinen hinweg"-PhD-Dissertation Universitie de Montreal.

Park R. (1995) "Vorwort zu Nigerian Press Under the Military: Persecution, Resilience and Political Crisis 1983-1993", in Adeyemi A, (1995). Ein Diskussionspapier, vorgelegt am Joan Shorenstein Centre, J. F. Kennedy School of Government und Harvard University. Mai 1995.

Sebina, P. M. (2005). Zugang zu Informationen: die Rolle der Rechtsvorschriften zur Informationsfreiheit und der verfassungsrechtlichen Garantien. *ESARBICA Journal: Journal of the Eastern and Southern Africa Regional Branch of the International Council on Archives*, 24, 43-57.

INSTRUMENT ZUR DATENERHEBUNG (FRAGEBOGEN)

ANLEITUNG: Bitte wählen Sie sorgfältig den Punkt oder die Antwort Ihrer Wahl aus und kreuzen Sie ihn/sie in dem dafür vorgesehenen Kästchen so ordentlich wie möglich an ($\sqrt{}$).

Abschnitt A. (Demografische Daten)

A.   Alter: (a) 18 - 25 () (b) 26 - 35 () (c) 36-45 ( ) (d) 46& darüber

B.   Geschlecht: (a) männlich   (11)   (b) weiblich   (9)

C.   Bildung: (a) Primarstufe ()   (b) Sekundarstufe   ()   (c) Tertiärstufe ( )

Abschnitt B

1. **Kennen die Journalisten im Bundesstaat Benue das Gesetz über die Informationsfreiheit?**
   a) Ja, das sind sie   ( )
   b) Nein, das sind sie nicht   ( )
   c) Nicht wirklich   ( )
   d) Unentschieden   ( )
   e) Sonstiges (bitte angeben) ....

2. **Inwieweit sind die Journalisten im Bundesstaat Benue über die Bestimmungen des Gesetzes informiert?**
   a) Sehr großes Ausmaß ( )
   b) Großes Ausmaß ( )
   c) Durchschnittlicher Umfang ( )
   d) Geringer Umfang ( )
   e) Sehr geringes Ausmaß ( )

3. **Das Recht auf Zugang zu Informationen würde zu Transparenz und guter Regierungsführung führen?**
   a) Ja, das wird es   ( )
   b) Nein, das wird es nicht   ( )
   c) Manchmal ( )
   d) Unentschieden   ( )

4. **Wird das FOIA Journalisten im Bundesstaat Benue tatsächlich Zugang zu von der Regierung zurückgehaltenen Informationen verschaffen?**

   a) Stimme voll und ganz zu ( )

   b) Einverstanden ( )

   c) Ablehnen ( )

   d) Stimmt überhaupt nicht zu ( )

   e) Unentschieden ( )

5. **Was denken Journalisten über die FOIA**

   a) Gesetz über die Informationsfreiheit wird die Demokratie stärken ( )

   b) Das Gesetz über die Informationsfreiheit ist eine völlige Freiheit und wird in Nigeria nicht funktionieren ( )

   c) Das Gesetz über die Informationsfreiheit wird die journalistische Praxis im Bundesstaat Benue verbessern ( )

   d) Informationsfreiheitsgesetz stärkt soziale Verantwortung von Journalisten ( )

   e) Alle der oben genannten ( )

   f) Sonstige (bitte angeben) ....

6. **Was können Sie über den Kenntnisstand der Journalisten im Bundesstaat Benue in Bezug auf das Gesetz über die Informationsfreiheit und seinen Wert sagen?**

   a) Sehr hoch ( )

   b) Hoch ( )

   c) Niedrig ( )

   d) Sehr niedrig ( )

   e) Unentschieden ( )

7. **Inwieweit kann der FOIA die journalistische Praxis im Hinblick auf eine faire, ausgewogene, genaue und objektive Berichterstattung unterstützen?**

   a) Sehr großer Umfang ( )

   b) Großer Umfang ( )

   c) Kleiner Umfang ( )

   d) Sehr geringes Ausmaß ( )

   e) Unentschieden ( )

8. Wie hat sich das Wissen der Journalisten über das FOIA auf die journalistische Praxis im Bundesstaat Benue ausgewirkt?

a) Verbessert den Standard der journalistischen Praxis ( )

b) Erleichtert das Recht auf freie Meinungsäußerung ( )

c) Es verbessert den einfachen Zugang zu öffentlichen Aufzeichnungen/Informationen ( )

d) Verhindert die Kommerzialisierung von Nachrichten ( )

e) Förderung der Kritik an der Regierung, wenn nötig ( )

9. Die Anwendung des FOIA gewährleistet eine effektive journalistische Praxis unter Journalisten im Bundesstaat Benue?

a) Stimme voll und ganz zu ( )

b) Einverstanden ( )

c) Ablehnen ( )

d) Stimmt überhaupt nicht zu ( )

e) Unentschieden ( )

10. Inwieweit nutzen Journalisten das FOA für die journalistische Praxis im Bundesstaat Benue?

a) Sehr hoch ( )

b) Hoch ( )

c) Durchschnitt ( )

d) Niedrig ( )

e) Sehr niedrig ( )

11. Wie wirksam ist die Anwendung des FOIA bei der Unterstützung von Journalisten bei der Erfüllung ihrer Aufgaben?

a) Sehr effektiv ( )

b) Teilweise wirksam ( )

c) Nicht wirksam ( )

d) Sehr unwirksam ( )

e) Unentschieden ( )

12. **Was können Sie über die Art der Anwendung von FOIA auf die journalistische Praxis im Bundesstaat Benue sagen?**

a) Zugang zu geheimen Informationen   ( )

b) Häufige Untersuchung von Regierungsaktivitäten   ( )

c) Professionalität der Journalisten im Bundesstaat Benue   ( )

d) Freie Äußerung von Meinungen und wichtigen Informationen von öffentlichem Interesse ( )

e) Alle der oben genannten   ( )

f) Sonstiges (bitte angeben)   ( )

13. **Journalisten stehen vor Herausforderungen bei der Anwendung des FOIA im Bundesstaat Benue?**

a) Ja, das tun sie   ( )

b) Nein, das tun sie nicht   ( )

c) Nicht wirklich   ( )

d) Manchmal   ( )

e) Unentschieden   ( )

14. **Was können Sie zu den Herausforderungen sagen?**

a) Einschränkung des Rechts von Journalisten, Tatsachen über Inhaber öffentlicher Ämter zu veröffentlichen   ( )

b) Beschlagnahme von gedrucktem Nachrichtenmaterial, das belastende Informationen über Amtsträger der Regierung enthält   ( )

c) Ein höheres Maß an Korruption sowohl bei den Inhabern öffentlicher Ämter als auch bei Journalisten in Form von Gratifikationen, um Fakten zu verschleiern   ( )

d) Alle oben genannten Punkte

e) Sonstiges (bitte angeben) ....

15. **Inwieweit behindern die Herausforderungen die Nutzung des FOIA durch Journalisten im Bundesstaat Benue?**

a) Sehr großer Umfang   ( )

b) Großer Umfang   ( )

c) Durchschnittlicher Umfang   ( )

d) Kleiner Umfang   ( )

e) Sehr geringes Ausmaß   ( )

16. Wer sind Ihrer Meinung nach die Hauptakteure, die sich gegen die Nutzung des FOIA durch Journalisten im Bundesstaat Benue wehren?

a) Regierungsbeamte und Politiker   ( )

b) Das Justizwesen   ( )

c) Die Gesetzgeber auf nationaler und bundesstaatlicher Ebene ( )

d) Alle der oben genannten   ( )

e) Sonstiges (bitte angeben) ....

Milton Keynes UK
Ingram Content Group UK Ltd.
UKHW030143051224
452010UK00001B/180